# 入門 政治学

## 政治の思想・理論・実態

NAKAJIMA Yoichi
仲島陽一

東信堂

# はじめに

アメリカではオバマ政権、日本では鳩山政権の誕生と、政治に新しい風が吹いている。目新しい主役の登場や劇的な展開に、政治への関心が増しているだけではない。格差社会や地球環境の問題等、自分たち自身の日々の生活とかかわる面でも、政治との関係が意識され、積極的に取り組んでいる人々もいる。その中で政治の知識が求められたり、政治に関するいろいろな疑問に突き当たったりするだろう。本書はそのような人々のための「一歩進んだ政治学入門」をめざしている。

専門として政治学を専攻する人のための研究書ではない。しかしまた中学・高校での内容をわかりやすく説明したり、時事的な政治の出来事を解説することが目的でもない。勿論そうした本も有用だろうし、それに役立つ本も少なからず出るようになった。学校の教科書や解説書は、固有名詞が少なく、味気ない一般論にならざるを得ない面がある。また「建前」としての制度や理念が示されても、実態はそう教科書どおりでなくときには矛盾していることには、ふれにくい。時事的な政治解説はこれと逆に、「顔が見える」生々しさがあるが、逆に「政局的」な動きの表面的な、あるいは「うがった」把握に流れて、「時代劇風」図式でわかったつもりになってしまう危険性もはらむ。

本書ではその両極をつなげることで、「一歩進んだ」入門書をめざしている。つまり一方では、具体的事実を豊富に入れ「ちょっと詳しい」ものにすることで、教科書風の抽象論を超えて、政治の実態をしっかりと直視できるようにしたい。そして他方では、理論的考察を入れ「ちょっと深い」ものにすることで、「物知り」になるためや技術的に利用するための政治知識ではなく、世の中をよくし悪をなくすために政治をどうすべきかを自ら考える手がかりにしたい。つまり政治学は「快」や「得」だけでなく「善」と結びつけるべきだ、と私は考える。

理系の諸分野や文系でも経済学などでは、専門の勉強をしていない者は素人と自認しやすい。これと比べると政治はある程度の関心と意欲があれば誰でも一家言を持ちやすい。こうした身近さは利点であるが、床屋政談と言われるような俗説や誤解も批判的吟味を受けずに通用してしまう恐れも生じる。一例を挙げれば、「日本の公務員は多すぎる」というものがある。私企業社員と比べた際の公務員の不合理な制度や慣行、悪徳官僚や怠慢職員についての報道と、こうした声が重なると、「公務員を減らせ」が正論でこれに抵抗するのは既得権にしがみつく守旧派と決めつけられかねない。しかし日本の公務員の数を他の先進国と比べてみよう。人口千人あたり日本が三五人に対し、アメリカは八一、イギリスが七三、フランスが九六、ドイツが五八で日本が最も少ない。GDPに対する人件費の百分率でいうと、日本六・六に対し米は一〇・一、英は七・六、仏は一三・七、独は七・九で同様である。日本の公務員をよくするために(よくない制度や慣行、官僚や職員の存在自体は事実である)、数を減らすのがよいというような事柄でないことがわかってくる。

次のような認識はどうだろうか。「日本の国会議員は多すぎる」「国民の多くは郵政民営化を支持した」「アメリカは自由の国だ」「ソ連は社会主義の失敗の実例だ」。これらは本書でとりあげたので理由はここでは省くが、どれも正しくないと私は考える。こうした、また他の、あるいは明らかに客観的事実に反する、あるいは一面的なイメージに過ぎない、あるいは少なくとも議論の余地のある主張が、政治では時に確信的に、時になんとなく信じられてしまう。直感や好悪もあながち排除できない世界だが、理性的に検討する習慣も身につけたいものである。

序章を読んで小難しいと思ったら、そこは飛ばしてどの章からでも関心のあるところから読んでかまわない。

## 大目次／入門　政治学――政治の思想・理論・実態――

# 入門　政治学

## ――政治の思想・理論・実態――

# 序章　政治の本質と政治学の本質

## 1　政治とは何か

まず、「政治とは何か」、つまり「政治」という言葉の定義づけ、あるいは「政治」の本質の規定を行う必要があります。

結論から言えば、「**政治**」とは、「権力の獲得および行使に関する行為」です。では「**権力**」とは何かと言えば、「一般に正当とみなされる強制力」のことです。そして「**強制力**」とは、「他の人に対して、その人の意志がどうであるかにかかわらず、ある行為をするように命令したりしないように禁止したりする力」です。実例を挙げましょう。徴税官は私が払いたくない税も取り立てることができます。なぜなら私があくまで抵抗すれば、「脱税者」として告発され、警察官によって身柄を拘束され、裁判官によって刑罰を受けたりするからです。無論それでも私は納税を拒否できます。意志の自由自体はどんな権力も奪えません。つまりここで「強制する」というのは、従わないときに**制裁**を課することができる、という意味です。このとき、納税義務を定めた議員、納税を命じた税務署の職員、私を逮捕した警察官や裁いた裁判官らは、「**権力者**」であり、彼等の行為は政治に属すると言えます。こうした権力の行使に対して服従したり抵抗したりする行為もまた、「政治」に属すると考えられます。ではチンピラが私に刃物を突きつけて金を出すよう命令する場合、これも政治的行為であり、このチンピラは権力者であると言えるのでしょうか。無論そうは言えません。なぜならそれは「一般に正当とみなされる」強制力ではない、ただの暴力だからです。私が服従するとしてもそれを「正当」と認めたからでなく、身の安全のため仕方なくそうしただけです。ではどういう条件において強制力は「一般に正当とみなされる」のでしょうか。これは政治思想と政治理論の大問題であり、ここでは立ち入らないことにします。

以上の「政治」の定義は、一般的な国語辞典に記されている内容にもほぼ当てはまりますが、高校の教科書ではどうなっているかをみてみましょう。

主に高校一年で教えられる「現代社会」の教科書の一つでは、次のように書かれています。「集団の中でそれぞれの要求を実現しようとすれば、対立が生じることもある。そこで、対立を調整しながら、集団の目的を実現していく必要が生まれる。このはたらきが政治である」（堀尾輝久・他『（新版）現代社会』実教出版、二〇〇七、一〇四頁）。他方、主に高校三年で教えられる「政治・経済」の教科書の一つでは、次のように書かれています。「個人と個人、あるいは集団と集団の間のさまざまな利害を調整し、紛争を解決し、〔…〕秩序を乱すものには制裁が加えられ、秩序に従わない者には強制が必要になる。この社会的強制をともなう営みが、広い意味での政治である」（筒井若水・他『（高等学校）政治・経済』数研出版、二〇〇五、二頁）。

私達の定義と合致するのは、そして正しい定義であるのは後者のものです。前者が間違いである理由を論理的に言えば、「対立」が政治の根拠であることを正しくおさえながら、それを「調整」する際に強制力が使われるのが政治だという点を示さないので、宗教・道徳・教育などと政治がどう違うのかがはっきりしないことが指摘できます。（これは「対立」するものが、後者では「利害」という客観的なものであるのに対し前者では「要求」という主観的なものが挙げられていることと結びついています。）ところでこの間違いは教科書にもあるように、一般にある程度広まっているように思われるので注意する必要があります。「制裁」や「強制」なしの「調整」のほうが口当たりはいい。いわば、「みんなの幸せをつくるのが政治という営みだ」とでも言えば、「政治」というものへの親しみやすさや「好感度」は増すでしょう。しかし理論における定義というものは商品のキャッチフレーズではありません。事柄の本質をぼかしたり隠したりするようなものであれば、はなはだ有害です。

ここで、この問題に関して、ドイツの有名な社会科学者**マックス＝ヴェーバー**の説を聞きましょう。**『職業としての政治』**という有名な講演で彼は、政治団体が今日では国家であると断った上で、国家を含めたすべての政治団体に固有な特殊の手段として、物理的暴力の行使を挙げます。『すべての国家は暴力の上に基礎付けられている』。トロツキーは〔…〕こう喝破したが、この言葉は実際正しい。〔…〕国家とは〔…〕正当な物理的暴力行使の独占を（実効的に）要求する人間共同体である」（ヴェーバー『職業としての政治』脇圭平訳、岩波文庫、一九八〇、九頁。これは政治学を専攻する者、政治家を志望する者には必読文献です。なおこの著者Weberの日本語表記としては「ウェーバー」と「ヴェーバー」とがあるが、私自身の表記としては欧語のWは原則として「ヴァ」行で統一します）。補足すれば、トロツキーはロシアの革命家で、当時（第一次大戦後）のドイツ人にとっては、ブレスト＝リトフスクの講和交渉でのソ連側の当事者として誰でも知る人でした。ヴェーバーは社会主義には反対の立場です（ヴェーバー『社会主義』講談社学術文庫、参照）が、「政治」（または「国家」）の定義（または本質）に関しては自分の論敵もまた同じ主張であることを指摘することによって、自分の言い分の妥当性を増そうとしているわけで、これは論議における有力な戦術です。

「政治」のこのような把握は、今日政治学的にほぼ一般的ですが、それでも完全に普遍的とはいえません。異なる例を二つ挙げます。①戦後の政治思想家ハンナ＝アレントは、政治を逆に暴力の外の領域にある活動として定義します。これに私はあまり賛成できないことは、他の本でふれておきました（拙著『共感の思想史』（第十六章「アレント――同情批判と現代政治思想」）創風社、二〇〇六、参照）。②戦後のフランスの思想家フーコーもまた、政治を別様に規定します。彼の思想は（少なくとも私には）明瞭に理解しにくいので、その妥当性を端的に判断することは困難です。ただ従来よりは「権力」を広くとらえ、そのことで教育、医療、宗教のような、それ自体としては「政治」とは思われなかった領域の権力関係を分析することに特徴があるようです。ただそれらの領域の政治的側面をとらえるのに彼の方法論が必須なのかまた有効なのかは、いまのところ疑問としておきます。そこで本書では「政治」の概念については伝統的な立場にとどまることにします。

## 2　学問とは何か

「政治学」は「政治」を対象とする学問です。このうち「政治」とは何かはわかりましたが、では「**学問**」とは何か。学問とは理論的知識（理論知：エピステーメー）であり、それは一般的・

体系的な事実判断と推理からなる知識です。

学問が「一般的・体系的」とはどういうことか。個別的な知識の寄せ集めは「学問」ではない、ということです。たとえば、「岸信介は東条英機内閣の大臣であった」とか、「アメリカ政府は日本の再武装を望んでいる」といった個々の政治知識が豊富な人は「物知り」であっても、だから「学者」であるとは限りません。一般的傾向と個別的現象、原因と結果などを論理的に関連付けて理解し説明することが、「理論」には必要です。

学問が「事実判断」であるとは、「価値判断」ではない、という意味です。ヴェーバーの言葉で言えば、学問上の判断は「**価値自由**」〔wertfrei〕という意味で客観的でなければならない、ということです。ちなみにこれは彼の「**社会科学的認識における〈客観性〉について**」（ヴェーバー『社会科学と社会政策に関わる認識の「客観性」』岩波文庫、参照）という、政治学を含む社会諸科学の何かを学ぶ人すべてにとっての必読文献にあります。

### 3　価値の学問的批判

社会科学が「価値判断」でないということはまずそれが価値を対象としない（すべきでない）ということではありません。経済学が扱う「商品」や政治学が扱う「権力」は言うまでもなく価値（の一種）です。また社会科学は研究対象として「価値に関わる」だけでなく、「価値判断に関わる」ことも可能です。そして価値判断を対象として単に実証的に研究することもできますが、批判的に研究することもできます。福沢諭吉が鉱毒で批判された足尾鉱山を擁護したことや、ケネディが人類滅亡の危険性を承知の上でソ連に最後通告を行なったことなど、それらの価値判断について「単に実証的に」研究するとは、彼等がそれらの判断において意図していたのは何であったか、彼等をそのように判断させた要因は何であったか、のようなものです。ところで、ある価値判断に対する非学問的（反学問的とは限らない）な批判としては、他の価値判断からする反対があります。たとえば、a「公権力は治安と防衛にだけ用いられるべきであり、他の問題は個人の自己責任に委ねられるべきだ」という価値判断に対して、「公権力は国民の社会的生存と福祉のために用いられるべきだ」という価値判断をぶつけたり、b「個人の生きがいと死にがいとは、国家や民族への貢献にある」という価値判断に対して、「個人の究極価値は当の個人それぞれが決定すべきであり、ある国家に属することやある民族的性質を帯びていることも、この究極価値から利用・無視・抵抗・放棄すべきことに過ぎない」という価値判断で反対することです。これに対して学問内部で「批判的に」研究するとは、当の判断そのものの、価値としての成否または妥当性をも含めて探求することです。それはたとえば、①当の価値の追求は、目的とされること以外のどのような事態を客観的にひきおこすか、②当の価値の追求には、どのような手段が客観的に必要となるか、③当の価値の追求は、他の価値とのどのような客観的関係を生み出すことになるか、などです。

このような「価値判断についての学問的批判」を行う人は（少なくとも研究者としては）その判断に反対する価値を持っている必要は必ずしもありませんが、この考察は当の判断の価値的妥当性を見直すことに結果的に役立ちます。ではどのような考察が特に役立つのかと言われれば、それは（それ自体価値的に選ばれた）考察の観点によります。たとえばある新薬の有効性を学問的に批判したいとき、健康の観点からは、「従来の薬より効果は強いが、悪い副作用も強すぎる」などとなるし、製薬会社の観点からは、「生産費が大きすぎて利潤が得られない」などとなりましょう。

価値判断についての学問的批判の学問内部での有効性は、その論理的妥当性と、批判対象の判断が占めていた地位によります。（基本的、あるいは通説とされていた命題を説得的に批判できれば価値は大きい。）価値判断への批判一般は社会一般で行われ、その直接的目的は、批判対象の価値を信奉する人や第三者に、その価値観をゆるがせたり変えさせたりすることであり、しばしばそれは政治行為そのものの一部か、なんらかの意味でそれと結びついています。その際最も有効なのは、念頭においている相手自身の価値観内部での難点または矛盾を示すことです。たとえば禁煙を説得しようとしている相手が、健康を重んじているならその有毒性を、金銭を重んじているならその経済的損失を、他者への配慮を重んじているなら受動喫煙がもたらす悪徳を説くのがいいかもしれません。そしてこのような（学問外部の）批判の有効性は、必ずしも合理性によりません。健康の観点にしても、発ガン率を示されるよりも汚くなった肺の写真を見せられるほうが「効果的」な人もいるでしょう。あるいは単に当人にとって大事な人（家族や交際相手であれ、映画スターやアイドルタレントであれ）が「喫煙者は嫌い」と言うことが決め手になるかもしれません。政治的な意味を持つ価値批判は非合理的であり得ます（たとえば政敵の性的醜聞の暴露）が、そのような非合理的批判行為自体を政治学的に（したがって合理的に）批判の対象とすることもできます。

## 4　政治学の起源

さて、政治学の本質が少しわかってきたところで、政治学の起源をどこに求めるべきでしょうか。ある意味では、プラトンやアリストテレスにも求められましょうが、私としてはマキャベリを挙げたいと思います。なぜなら古代のプラトンやアリストテレスには、確かに国家に関する理論的考察がありますが、それは「よい国家とは何か」という価値的観点が強いものです。その意味で「政治思想」というより「政治学」という観点を重んずれば、ルネッサンス期の思想家**マキャベリ**(Machiavelli, 1469-1527)の『君主論』(Il principe, 1532)が重要視されます。そこで君主の条件として「獅子の力と狐の知恵」が挙げられた(マキャベリ『君主論』(第十八章)、参照)ことは有名でしょう。彼は権力を獲得または保持するためには宗教や道徳にとらわれてはならない(、ただし信仰や徳義に篤いと思われることは有効だ)と言い放ち、いわば価値自由な「政治の論理」を説きます。ところでこれはマキャベリ自身が外的価値を持たずに、政治技術の解明自体に関心を持っていた、ということではありません。むしろ彼はイタリアを統一する民族国家の樹立を図っていたのであり、そのために期待される君主像としてこの著作をつくったのです。しかし彼はその実現のためには、君主がそのような「よい意図」を持てば十分とは考えなかった、その上先に述べたような「(暴)力」や「(悪)知恵」も必要だと考えました。それゆえこの「力」や「知恵」は別の「意図」においても、たとえば権力の獲得や行使自体を目的として手段を選ばない政治行為(それが俗に言う「マキャベリズム」ですが)にも有効であり、そのことがかえって『君主論』の学問性を示しているのです。

## 5 認識内容と認識行為

一時期の(たぶん今でも一部の)マルクス主義は、学問の「価値自由」を否定し、それ自体「小ブルジョワジーのイデオロギー」だとしました。これは正しいのでしょうか。結論から言えば、これは学問の認識内容と、それ自体社会的実践である学問的認識活動との混同です。たとえば熱力学は産業革命を背景にして起こり、その推進に貢献し、その意味で「産業ブルジョワジーの科学」だと言っても間違いではないでしょう。しかし熱力学の法則自体が「ブルジョワ的」というのは無意味でしょう。それは中世封建社会でも真理であったし、（そういうものが現実になるなら）共産主義社会においても妥当し、利用できるものです。マルクス主義の認識論への貢献の一つは、「**イデオロギー**」の概念を明白にしたことにあります。はじめは「観念学」の意味でしたが、その後「机上の空論」の別名のようにも使われました。今日の意味では、これは現実の客観的認識でなく、価値的・実践的な、ただし社会的な観念体系を言います。「豚は穢れた動物である（から食うべきでない）」とか、「牛は神聖な動物である（から食うべきではない）」とかの判断は、生物学的または栄養学的な真偽を論じても無意味であり、ある社会集団が従うべき観念体系の一部としてとらえるべき問題です。「イデオロギー」とはこうした、宗教や、芸術や、道徳に表れた社会的観念です。マルクス自身は、こうした「イデオロギー」と科学とを次のようにはっきり区別しました。「思考された全体として頭の中に現れる全体は、思考する頭の産物である。この思考する頭は、自分にとって可能な唯一つの仕方で世界をわがものとするのであって、この仕方は、この世界を芸術的に、宗教的に、実践的・精神的にわがものとするのとは違った仕方なのである。実在する主体は、あいかわらず頭の外でその独立性を保っている」（「経済学批判への序説」岡崎次郎訳、『マルクス・エンゲルス全集』第十三巻、大月書店、六二八頁）。難しい言い方をしていますが、経済学の方法についての説明の一部です。学問はイデオロギー（宗教・芸術・道徳）とは違う、後者はこの世界を変えることを目指す意識であるが、前者は世界の客観的認識を目指すから世界そのものは認識されてもあいかわらず独立に存在する、という意味です。(勿論ここでも認識内容のことであり、認識行為としては大規模な科学実験によって世界が変えられることもありましょうが。)誤解を恐れずに言えば、「男女は平等である」とか「平和は尊い」とかの観念も、科学的真理ではなくイデオロギーです。これらのイデオロギーは古代では妥当しませんでしたが、「地球は丸い」とか「地球は太陽の周りを回っている」とかの観念は、ほとんど支持されなかった時代や誰もそんなことを考えなかった時代でも客観的真理であるというのは、まさにマルクスも主張する物質論(唯物論)の立場です。ある科学を批判する際には、①内在的に、それが科学的真でないことの提示、と②外在的に、その科学者(たち)が間違った(っている)理由の提示、との二つの次元を区別する必要があります。イデオロギー批判はこの②の一部としては使えますが、ある科学が「資本家に役立つから偽」だとか「労働者に役立つから真」だとするなら、哲学的には物質論でなく実用主義(プラグマティズム)の一種です。ソ連では、ある時にはある「科学」がイデオロギーとして批判されることで、ある時にはイデオロギー(たとえばある芸術)がまるで科学のようにその「誤り」を宣告されることで、ともに思想や表現の自由を奪う(マルクスの意図とは正反対の)政策を助長しました。

以上、私は一時期の(あるいは一部の)マルクス主義に見られる見解を批判しました。これはマルクス自身の考えが正しいという前提に立ついわば本家争い的な批判ではありません。またマルクス主義が正しくないという価値観念を前提にしてその理由として述べたものでもありません。これらの見解がマルクス自身の言説とは矛盾すること、マルクスの哲学的立場とも一致しないこと、彼の意図と異なる結果を導いたこと、を内在的に、いわば価値自由に批判したつもりです。

## 6　学問の認識関心

学問的認識の内容は「客観的」で「価値自由」だとしても、学問研究という行為はなんらかの価値に基づきます。ではどういう価値かといえば、三種類に分けることができます。①好奇心ないし知識欲。知るということ自体が楽しいという学者。②自分に役立つ。職業としてそれによって所得が得られたり、大きな業績を上げれば名声を得られたりする。（「自分」には家族など近い人々も含む。）③人々に役立つ。自分の研究が直接または間接に、かつなんらかの仕方で人々の利益となる。――以上はヴェーバーの言う「理念型」で、この三つは相互に関係していることが多く、また実際の研究者の認識関心〔Erkenntnisinteresse〕には多かれ少なかれこの二つまたは三つが共存したり、その時のテーマで異なったりもします。しかしその人の主導的な認識関心が基本的にどれであるかは、言うことができるでしょう。自分の知っている学者たちはどの型か、また自分自身はどうか、考えてみてください。学者が（純理論的でない、時には政治的な）価値意識から研究を行うことは悪いことではない。問題なのは、「客観的」であるべき学問内容として述べているのか、「主観的」であって当然な自分の価値判断として述べているのかを常に区別すること、そして自分がどのような「主観的」価値に導かれて研究を行っているかを意識していることだ、これが学者（および教員）の「職業倫理」として、またある程度は学生または学習者にも望まれる精神態度として、必要なことです（ヴェーバー『職業としての学問』岩波文庫、参照）。

ではどの認識関心によって学問すべきか、と言えばこれは学問的に「真偽」が判定できる事実問題ではなく、各人の価値判断の領域です。私自身の価値ではどうかと言われれば、③が主導的であるべきだと思います。「学者」が職業として、知的労働力やその産物を商品として売ることで生活しなければならない市民社会においては、②も否定しませんが、③より優先するならば、道徳一般を論じなくても、「職業倫理」の観点だけからもよくないでしょう。①もまったく否定はしませんが、自分でおもしろく思えるということは考慮されるべき適性の一つだからです。しかし①が優先されるのは、「道楽としての学問」なら結構ですが、職業としては好ましくないでしょう。では職業でも道楽でもない、若い学生の場合はどうか。基本的には②でしょう。しかし多少なりとも①も含まれなければ味気ないし、多少なりとも③も含まれなければさびしい。

## 7　政治学の認識関心

以上は学問一般についての認識関心ですが、では政治学に限定すればどうでしょうか。それが「役立つ」ことは比較的自明であるように思われます。特に民主主義的政治をよしとするならば、「政治学者」や「政治家」だけでなく公民一般にとって役立つ、というよりある程度まで必須のものであると言えるでしょう。そこで大きく分ければA純理論的関心、B職業的関心、C公民的関心、に分けられ、さらにそれぞれ各人の政治的価値認識（問題意識）に応じて、特に何が、また何ゆえ知るに値すると考えるかが決まるでしょう。では私自身はどうか。

私は職業的「研究者」の端くれでしょうが、政治学を専門とするわけではありません。しかし政治学への関与は、たんに一公民としてのものにとどまりません。私の研究全体の最終目的である悪の廃絶（あるいは人間の救済）に重要なかかわりを持つ部分と考えています。

なぜなら私の考えでは、政治は悪であるからです。最初に述べたように政治とは権力の獲得と行使に関する行為であり、権力とは（一般に正当と認められたものではあるがそれでも）強制力の行使であり、強制は人間の自由を奪うものであり、自由を奪われることは悪であると言わざるを得ません。強制なき社会こそが人間にとって当然めざされなければならないものです。このことをふまえ、それではどのようにして政治をなくすことができるか、が私にとって重要な検討課題です。政治をなくすことなんてできない、という考えもありますが、政治はなくせるしなくすべきだ、という考えは私だけのものではありません。その中にはもっぱら非政治的なやり方で（宗教的に、道徳的ないし教育的に）政治を克服しようとするものもありますが、私はそれは不可能だと考えます。政治をなくすためにも政治が必要だ（、ただし政治だけで政治をなくすことは不可能だ）、と考えます。そこで私にとっての政治学は、政治をなくしたい、政治をなくすべきだ、という価値観と意欲に導かれて進められることになります。

# 第Ⅰ部　現代日本の政治

# 第一章　選挙制度論

## 1　民主主義について

政治制度の一つとしての民主主義について、その原理や現代日本における具体的制度には、本書では触れないことにします。原則として、高校や大学の教科書の多くに書かれていることはなるべく省略したいと思います。現代では多くの人が民主主義をよいものと評価していますが、私もその一人であるとだけ言い、補足的に一つだけ述べておきたいと思います。私がある人に、多くの人がそう考えるということを理由に自分もそれに賛成するというのはきわめてよくない、と言いました。これに対し彼は、多数に従うというのは人類が獲得した知恵だ、と反論しました。これは民主主義［democracy］と順応主義［conformism］を混同する詭弁です。前者は政治社会の原理であり、後者は個人の意志決定の根拠の問題です。国家なり集団なりの多数意見による決定後には構成員は従うべきですが、決定のもととなる各個人の意見としては、むしろ自分自身の意志を表明することが民主主義の条件だ、とルソーの『社会契約論』にも記されています。この混同は日本の政治風土の前近代性の根深さを示しています。

## 2　選挙制度の重要性

最も民主的な制度は直接民主主義ですが、現代のほとんどの国家ではそれは実行が不可能に近く、議会制民主主義が中心とされます。その場合、事態がどれだけ理念にかなっているかについて最も重要なのは、選挙制度です。

現在の日本で国会議員の選挙は次の制度になっています。衆議院では、**「小選挙区比例代表並立制」**であり、小選挙区の三〇〇議席、比例代表が一一のブロックに分かれ計一八〇議席、合わせて四八〇議席になります。参議院は都道府県ごとの選挙区が合わせて一四六議席、全国から選ぶ比例代表区が九六議席です。この制度はよいものなのでしょうか。いろいろな意見があります。特に「民主的かどうか」という観点からみて、疑問とされる点があります。その最大のものは、現在の制度では**小選挙区が軸になっている**ことについてです。なぜそれが問題なのか。

## 3　現在の日本の国会議員選挙

## 4　小選挙区制の弊害

小選挙区と言うのは、一人の当選者しか出ないように選挙区を区分するということです。わかりやすい例でその問題点を示しましょう。いまＡＢＣＤの四党があるとして、どの選挙区でも得票率が四：三：二：一だとしましょう。総議席が一〇〇だとしてもし全体が比例代表ならば獲得議席数はそれぞれ四〇、三〇、二〇、一〇となります。しかし一〇〇の小選挙区に分けられていれば、Ａ党が一〇〇議席独占で他はすべてゼロ議席です。このように小選挙区制では多数党がきわめて有利です。以上は理論的な帰結ですが、実際の結果としてはどうか、ここ五回の総選挙における第一党の得票率と議席占有率との表とグラフを23頁に挙げましたので、みてください。比例代表区では、得票率と議席率との差は、＋2、＋3、＋3、＋5、＋1ポイントです。これに対して小選挙区では、＋

17、＋18、＋12、＋25、＋32ポイントです。差はゼロに近いほどよいのですが、±3ポイントくらいまではまず仕方がないでしょう。その意味で比例代表区はまずまずですが、小選挙区のほうは唖然とする結果です。最小でも12ポイント、25や32も違うのは、詐欺に等しいのではないでしょうか。二〇〇五年の総選挙はいわゆる「郵政選挙」であり、自民党が「大勝した」と言われています。しかし得票率でみると、自民党は小選挙区でも半数に達しておらず、純粋な政党選択といえる比例代表区では四割にも達していません。小泉純一郎首相は郵政事業の私有化（「民営化」）が争点と叫びましたが、反対派の得票率のほうが上回っており、小泉氏の論法に従えば彼の郵政政策は国民の支持を得なかったと言うべきです。

第二に、小選挙区制では死票（当選に結びつかない票）が多くなります。近年はマスコミなどによる予想が盛んですので、自分の支持する候補に見込みがないとなると、棄権をする人が増えます。または最も支持する候補が駄目そうなので、見込みのありそうな候補の一人に変えて投票する有権者もいます。そうなると少数政党の候補者の票はいっそう少なくなり、そのためにまた減ると言う悪循環が生じます。第一の点と合わせ、はじめから大政党に有利な仕組みになっていると言えます。

第三に、小選挙区制では、「一票の価値」を等しくするのが難しくなります。第一・第二の点と合わせて、小選挙区制が「民意を代表する」と言う最も重要な点で大きな欠陥を持つゆえんです。

第四に、小選挙区制では文字通り選挙区が小さくなりますから、そこで当選するためにはその選挙区民の支持を得るため、政治活動が地域の狭い利益や人脈という要素に左右されやすくなります。国際政治的な識見や国家的活動は「票になりにくく」、公共事業の決定や企業の誘致、冠婚葬祭から入学や就職の斡旋に到る、いわゆる「どぶ板」活動に追われます。高邁な政治家より小才の利く政治屋ばかりになってしまうおそれがあります。

第五に、有能だが「地盤・看板・かばん」を持たない新人が進出しにくくなります。当選者が五人なら五番目の票でも当選でき、初挑戦でも可能性が広くあります。しかし一人しか当選できなければ現職がきわめて有利です（二〇〇九年のように内容より「チェンジ」それ自体が求められたような選挙は稀な例外というべきでしょう）。新人としては、今までの議員から地盤を受け継いだ者でなければ新規参入は難しく、必然的に世襲議員も増えることになります。

## 5　小選挙区制への転換理由

以上、小選挙区制の問題点を挙げました。しかし日本の選挙制度は昔からそうだったわけではありません。これは一九九三年の公職選挙法改定によるもので、それ以前の衆議院選挙は中選挙区制でした。奄美諸島が定員一ですが、他は三人から五人というものです。票とグラフに挙げた五つの総選挙は、したがってこの制度になって以来のすべてです。ではなぜこのような、問題ある制度に変えたのでしょうか。実はこのときにも強い反対はあり、おおもめの挙句そうなったのですが、「改革派」と言われた人たちの言い分は何でしょうか。①国政選挙は政党間の争いであるべきである。言い換えれば政策を中心に争われるべきである。しかし中選挙区制では政策が変わらない自民党から三人も四人も出て派閥間の争いが強くなり、それが選挙に金がかかる要因になる。金のかからない選挙にするためには小選挙区制がよい。②小選挙区制にすれば二大政党化する。そのほうがａ政権交代しやすい。今までの日本政治の弊害の多くは長期間政権交代がなかったことによる。ｂ小党分立は政治的不安定になる。それを避けるには二大政党化がよい。こうした言い分はもっともなものなのでしょうか。

## 6　改革論への批判

第一に、この言い分に対する論理的批判を行います。(ア)政党間の争いがよいというなら、小選挙区制よりも比例代表制にすべきです。なお近代議会政治の父J・S・ミルは比例代表制をよしとしました(『代議政治論』)。(イ)選挙に「金がかかる」要因は中選挙区のためなのか。選挙制度のためでなく自民党のお家の事情で「金をかけて」いるのではないでしょうか。実際小選挙区(参院徳島区など)でも公認争いのため大金が使われたりするし、参院旧全国区のような大選挙区では選挙を支持団体などに「丸投げ」して金の動きがわかりにくいだけではないのでしょうか。(ウ)②のaとbとは整合

**第一党の得票率と議席占有率**

| 得票率(%) | 議席率(%) | |
|---|---|---|
| 39 | 56 | 1996小選挙区 |
| 33 | 35 | 1996比例代表区 |
| 41 | 59 | 2000小選挙区 |
| 28 | 31 | 2000比例代表区 |
| 44 | 56 | 2003小選挙区 |
| 35 | 38 | 2003比例代表区 |
| 48 | 73 | 2005小選挙区 |
| 38 | 43 | 2005比例代表区 |
| 42 | 74 | 2009小選挙区 |
| 47 | 48 | 2009比例代表区 |

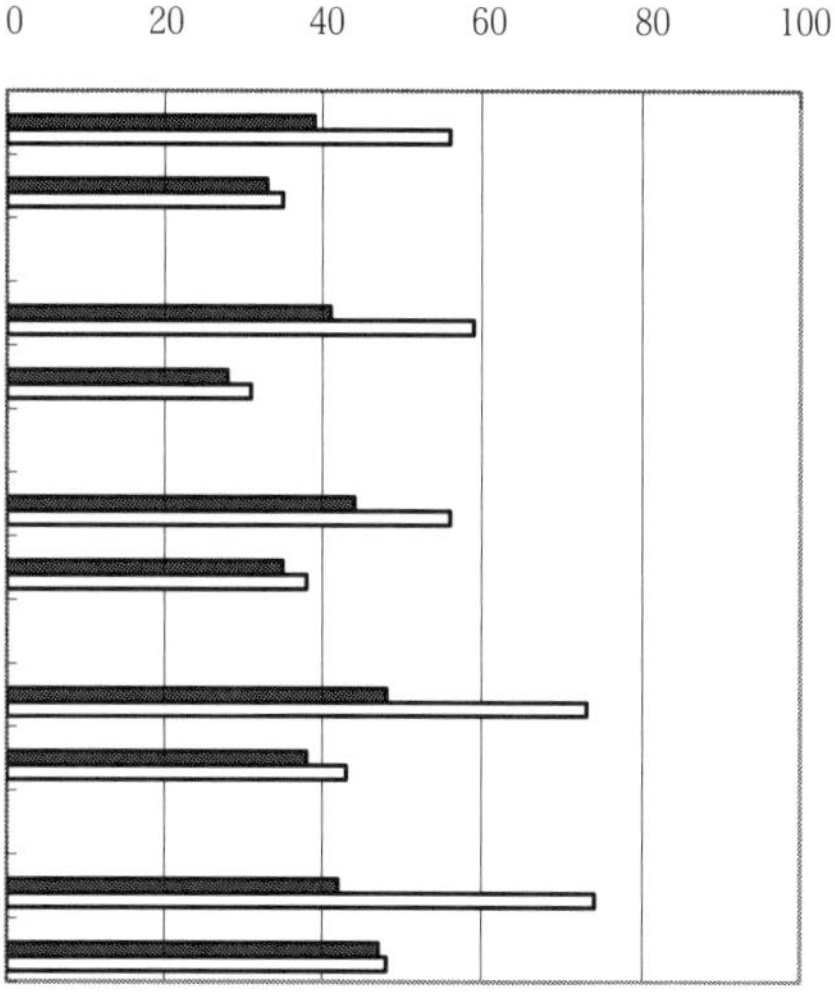


注) 民主党は2005年総選挙のマニフェスト第一項目で比例代表区の80減を主張
1996-2005年は自民党、2009年は民主党が第一党

しません。「政権交替しやすい」ことをプラスと考えるなら、「政治的不安定」をマイナスとして挙げることはおかしい。整合しないａとｂが両方引き出されるということは、どちらにも論理的必然性がないということです。

第二に、この言い分に対して実証的批判ができます。(エ)はたして小選挙区制を実行しているところのほうが、そうでないところよりも政権交代が多いといえるのでしょうか。ちなみに小選挙区制が定着している国といえば、イギリスとアメリカが典型でしょう。米英のほうが、ヨーロッパ大陸に多くある、他の選挙制度の国よりも政権交代が多いといえるのでしょうか。なおフランス、ドイツ、イタリアなどは二大政党とは言えませんが、政権交代は連立する政党の組み換えなどによってもよく行われます。また日本でそれまで自民党の長期政権が続いたことは事実ですが、それを終わらせてこの選挙法改定を行った細川連立政権を導いた選挙は、従来の中選挙区制で行われました。逆にこの改定を行ってからの四回の総選挙は政権交替をもたらしませんでした。その間の最も大きな政権の変化は自民党が与党に復帰したことですが、それは選挙によってではなく、連立の組み替えによる村山連立政権の成立でした。

第三に、この言い分に対する価値的批判ができます。単に主観的な価値をぶつけても水掛け論に終わりがちですが、ここでは選挙制度の目的として立てられている民主主義の価値理念からどうなのかを考えます。(オ)二大政党がよいのか多党化がよいのか、政権交代しやすいのがよいのか安定しているのがよいのか、これらはそれ自体が民意によって決まるべきものであって、選挙制度によってあらかじめどちらかに誘導するというのは、それに反します。

以上によって、小選挙区制導入をよしとする言い分は、論理内在的にも、経験的・実証的にも、価値合理的にも、妥当と言えません。

## 7　改革の真の狙い

ではなぜそれは成立したのでしょうか。考えられる可能な理由は二つです。一つは、その導入を目指した政治家たちが愚かであり、(ア)-(オ)をまったくわからず、それがよいものだと信じきっていた、というものです。これがありそうにない想定であることは、証明する必要はないでしょう。そこで残るもう一つは、実はこの言い分は口実ないし大義名分であり、小選挙区制導入には、隠された別の理由があった、というものです。推理小説風に言えば二から一を引けば一が残るわけで、これが真の理由と考えられます。ではそれは何かといえば二つ、歴史的理由①と時局的理由②とがあります。①は自民党ははじめから小選挙区制を狙っていた、ということであり、②は当時国民の激しい「金権政治」批判に対して、応える努力をしているという外観をつくる必要があったということです。以下、それぞれの背景説明をします。

## 8　自民党の長年の狙い

小選挙区制が大政党に有利であることははじめに明らかにしました。それゆえ大政党はできればそうしたいのは一貫した傾向です。その際「一票の価値」がどうしても開きますが、それでも極端に広げないためには、選挙区の設定が難しくなります。たとえば千葉県市川市などもその典型で、南のほうは浦安市などと一緒、北のほうは松戸市や鎌ヶ谷市と一緒です。市や区の議員を選ぶときよりも国会議員のほうが狭い範囲になるところもあります。またこのように行政区画を切ったりまたいだりするわけですから、たとえば市川市のどこを浦安市とくっつけるかなどは恣意的になりがちです。政治家にはそれぞれ地盤というものがありますから、切り方つけ方で特定の候補に有利不利が出ます。一八一二年にアメリカ・マサチューセッツ州知事のゲリーが党略的に構想した選挙区がきわめていびつな、とかげのような形になりました。そのためサラマンダー（伝説上のとかげ）とゲリーの名前を合成して**「ゲリマンダー」**と言われるようになり、後には党略的な選挙区割り一般の名ともなりました。自民党の初代総裁（一九五五年から）であった鳩山一郎首相もさっそく小選挙区制導入を図りましたが、「鳩マンダー」との批判を受けて挫折しました。また一九七二年に首相になった田中角栄も小選挙区制導入を企て「角マンダー」と言われて断念しました。このように自民党ははじめから四〇年近くずっと小選挙区制を狙ってきたのです。

## 9　九三年政治改革の背景

しかし一九九三年にこの積年の野心を実現する好機となったのは、金権政治への国民の批判が強まり、「政治改革」「金のかからない選挙」という錦の御旗が準備されたからです。この批判を生み出したのは**佐川急便汚職**で、これはいろいろな意味で興味深い事件なので少し解説しておきます。汚職は珍しくありませんが、まず贈賄側が宅配業者であったのは、小包における規制緩和や新分野への私企業の参入があったということで、後の郵政私有化につながる流れです。また後発会社（この業種では先発は大和運輸）が勢いあまって汚職などで躓くというのもよくある図式です。次に収賄側の中心が**金丸信自民党副総裁**でした。五億円の闇献金などですが、ガサ入れで金の延べ棒がごろごろ出てきた場面などは印象深く覚えている人も多いでしょう。ところで国民が怒ったのは、汚職の事実だけでなく、金丸がいっこうに刑事罰を受けないということにもありました。当時、悪事が発覚した小学生が教員に叱られても「カネマル見ろよー」とか開き直って困る、などという話さえ出ました。汚職を有罪とするには、①金品の授受などがあったこと、②受けた側に**職務権限**があったこと、の証明が必要でしたが、この際検察の動きを止めたのは、金丸が大臣のような職務権限ある地位になく一政党の副総裁という微妙なものだったことです（その後「斡旋収賄」を厳しく判断することで少しはましになりました）。

ではなぜ金丸に金を出したのか。無論、利潤を目的とする企業が、純粋に政治家金丸を支援しようと援助した、とは考えられません。彼は「副総裁」と言う正式な職名より、「自民党のドン」であり「キングメーカー」と言われていたことが重要です。自民党の金権体質は結党以来、あるいはその前身から言われるものですが、ある意味でその権化であったのが田中角栄で、結局彼は「金脈問題」で総理を辞職（七三年）し、その後は国際的汚職（ロッキード事件）で逮捕されました。この角栄から田中派（創政会、当時は竹下派）を引き継いだのが金丸です。最大派閥の領袖であり、自らトップにならないがトップを決める力を持っていたのが彼です。このように表向きの最高権力者の裏に最高実力者がいるというのは、日本的権力構造によくある特徴です。また彼と竹下登前首相とは、こども同士が結婚しています。こうした構造を見据えて、ドンに金を出して、そこから職務権限ある者等に金を回すなり言うことを聞かせるなりする巧妙な手法で、検察もそれで贈収賄で検挙しにくくなったのです。そこで政治資金を受けながら記載しなかったという「政治資金規正法違反」でわずかの罰金にしました。無論そんなことで国民が納得するはずもなく、青島幸男の抗議活動などもあって今度は「脱税」ということでようやく身柄を押さえ、金丸は政界から降りざるを得ませんでした。

それにしてもちょっと前はリクルート、その前はロッキードと贈収賄が構造化していましたから、根本的な改革が求められることになります。その頃金権・田中派の代表と指弾された三人の頭の字から「こんちくしょう」（金竹小）と言われました。金丸・竹下は出てきましたが「小」は誰か。小沢一郎氏です。彼は田中派の「奉行」の一人で、特に金の集め方で親分の手法をよく学んだ、と言われていました。ときの総理の宮沢喜一が総裁になるとき（政治的な履歴や識見で劣ると考えられている）小沢氏の「面接試験」を受けさせられたという屈辱の話を、思い出す人も多いでしょう。この宮沢首相は金権政治批判に対して、「政治改革」を行うと公約しました。しかしそれが結局実現できず、野党が不信任案を出し、これに小沢氏らが乗って宮沢内閣は倒れました。小沢は「こんちくしょう」で叩かれたのを逆手に取り、そういう自分たちだからこそ「政治改革」ができると宣伝します。勿論これを言葉通りにとる人は政界にはいませんでした。政治力を失った竹下の跡目争いで小渕恵三に敗れていたので、叩かれながら（田中→竹下→小渕）派内の非主流派として耐えるより、大芝居を打って巻き返そうと図ったと読み解くのは難しくありません。そこでまず派閥から別れ（**羽田派**の結成）次に党からも別れて「**新生党**」を作って自民政権打倒を図ったのですが、一般国民からは潔く思われました。宮沢は解散を打ちましたが過半数割れし、「寝業師」とも言われた小沢氏が本領発揮します。新生党も小さく、他の政党も「野党」という点では同じでも後はばらばらであり、政権ほしさに集まっても「数合わせの野合」と自民党から攻撃されるのは目にみえています。そこで小沢氏らは「政治改革の実行」というただ一点を大義名分にして、新生党・日本新党・新党さきがけ・民社党・公明党・社民連・社会党という肌合いのまったく違う政党を組ませ、**細川護熙**（日本新党）氏を首相に担いで連立政権を作りました。この経緯からして、細川内閣では「政治改革」は何が何でもやらなければならなかったのです。（「政治改革担当大臣」は社会党の山花貞夫氏でした。）その後民主党の党首となり、「まず私自身が変わらなければなりません」などと言った小沢氏ですが、二〇〇九年の西松建設の政治資金問題では、むしろ旧態依然的な資金集めの手法を続けているではないかと世間に印象づけました（この事件で党首は辞任したがすぐ幹事長に就任）。

現在の日本の選挙制度は、このような政治的な思惑と妥協の産物です。民主主義にとって理想的にするとか金のかからないものにするとかいう狙いでつくられたものではありません。

## 10 アメリカの例

ここで話を変えて、アメリカの大統領選挙をみてみましょう。これを「直接選挙」と思っている人がいますが、そうではありません。国会議員が選ぶのではない、という意味でそう言うなら別ですが、国民は直接大統領を選ぶのではなく、州ごとに大統領選挙の「選挙人」を選びます。州の人口にほぼ比例してこの「選挙人」の数が決まっていて（二〇〇四年の選挙では全州合計で五三八、最大はカリフォルニア州の五五）、大統領候補はその数いっぱいの選挙人を指名しています。そして各州の選挙で第一位を得た候補がその選挙人を獲得することになりますが、その際得票率などは関係なく「**勝者総取り**」（winner takes all）の方式となっています。これはいかにもアメリカ的なやり方であり、また究極の小選挙区制です。つまり死票が多く、第三党の進出を制度的に阻んでいます。議会選挙と違って選ばれるのは一人なんだからそれでもいいじゃないか、と思われるかもしれません。しかし民意を反映しているか、という観点からはやはり歪みのある制度です。仮に次のような事態を想定してみましょう。

候補Aと候補Bはともに半数の州で一位だが、他の半数の州ではぼろ負け、これに対し候補Cはすべての州で僅差で第二位であると。このとき全体の得票数や得票率からすればCが当選するはずですが、「勝者総取り」だと「選挙人」を一人も取れない惨敗となります。これは理論上の極端な例ですが、実例を挙げれば一九九二年に改革党から立候補したペロー候補は得票率19％でしたが、選挙人はやはり一人も得られませんでした。また二〇〇〇年の選挙で（裁判沙汰になった疑惑分を考慮しなくても）単純な得票数合計ではゴア候補が当選したブッシュを上回っただろうということはよく言われます。

また日本と違うのは国民はあらかじめ「有権者登録」と言う手続きをしなければ投票権がないことで、有資格者のうち登録者は76％で、そのうち投票率は51％（二〇〇〇年）でした。投票日が火曜日で勤め人には不都合との指摘もあります。

アメリカの連邦議会選挙について言うと、上院は「合州国」として州の代表とされますが、下院は小選挙区制です。これによってアメリカでは「共和党」と「民主党」との二大保守政党が、一〇〇年以上、政権を保持しています。

## 11　私達の問題

現代政治において議会制は必要です。しかしその際権力者は常に自分の都合のよいように制度を歪めようとします。それを見抜かず正さないと、民主主義の名の下で、国民が権力を統制するのでなく権力者が国民を支配することになります。今日の日本で考えると、一九九三年の「政治改革」はいろいろな意味で教訓的であるように思われます。自民党が下野し、政権交代が起こって新政権の「目玉」の「政治改革」として現在の選挙制度ができました。しかしそれがよりよくしたかはかなり疑問であり、特に小選挙区制の導入には弊害が多いことを述べました。二〇〇五年と二〇〇九年の総選挙で民主党はマニフェストにおいて、比例代表区八〇の削減を公にしました。比例代表区を減らせば小選挙区がさらに重くなり、二大保守政党にさらに有利になります。党首は首相になった鳩山由紀夫氏、「鳩マンダー」(第八節)の孫です。無論それを党略のためとは言わず、国会議員自らが身を削って財政危機に立ち向かう、というような宣伝をします。しかしここにはやはりいくつもの詭弁があります。①日本の国会議員は多くない、むしろ先進国では少ない(人口比で)。例外はアメリカですが、ここは「合州国」で連邦政府の議員が少ないのは当然なので比較の対象にすべきでありません。人口一〇〇〇万人あたりの国会議員数は、日本が五七人に対し、韓国は六二人、ドイツは八一人、フランスは一四九人、イタリアは一六〇人、イギリスは二二八人、北欧諸国はそれ以上です。②国民から選ばれその代表として法律・予算の決定のほか国政調査権なども持つ議員の数が少なくなれば国民主権の実質は低下します。特に民主党は「官僚と闘う」ようなポーズをとりますが、議員を減らせばむしろ官僚の力が強くなるでしょう。いまの議員が官僚に操られがちなのは議員の質の問題であり、「無能な議員」が多いなら対策は有能な議員を選ぶことであって議員数を減らすことではないはずです。しかも小選挙区中心にすれば、有能な新人よりも二世三世議員が増えることになりましょう。また費用を減らすならば政党助成金なり各種の議員特権なりもやめるなり減らすなり他の道はあります。③どうしても議員数を減らすなら小選挙区を減らす手もあり、比例代表区削減に持っていくのはすり替えであり、論理からでなく隠された意図からと考えざるを得ません。

# 第二章　現代日本の防衛問題



## 1　平和主義と国防

現代の日本が、国防という面からすれば今までの国家として「普通」でないことは確かです。それは日本国憲法第九条の規定に由来します。そこでは、「**戦争の放棄**」「**戦力の不保持**」「**交戦権の否認**」が記されています。これらを定めた憲法は世界的にきわめて稀です。

とはいえ、日本が持っている「**自衛隊**」は事実上は軍隊であるとも言われます。小泉純一郎首相も、「常識的に言えば軍隊」だと発言しました。また**日米安全保障条約**により日本には米軍が存在し、ことあるときには共同で「対処」することを約束しあい、共同の軍事演習も行っています。つまり現在の日本も実際は「普通」の国家と変わらない、と言われるかもしれません。

しかし専門家からすれば、「自衛隊」や日米安保は違憲であるとの説も強く、（なお政府の公式見解としてはあくまでも「自衛隊」は軍隊ではありません。）憲法制定時にはこれらは想定されていなかったことを考慮すれば、それは自然な解釈でもあります。

だがそのような解釈をとって、「自衛隊」も日米安保もないとしたら、はたして日本は防衛できる（できた）のでしょうか。

確信を持った「体制派」と、現状を当然の前提とするおっくうがり屋は、ただちに言うでしょう、それはできない、だから現に「自衛隊」と安保ができたのだと。しかし本当にそうなのか、この章ではそれをまず考えてみたいと思います。

## 2　攻撃された場合

外国の武力攻撃を受けたときに、自国あるいは同盟国の軍事力による戦争という形では抵抗しないこと、これは少なくとも軍事的には降伏することを意味します。この方針を導く考え方としては二つがあります。一つは信念的降伏主義とも呼ぶもので、絶対平和主義によります。すなわち国家的独立を失い外国の支配下におかれるとしても、戦争を行うよりもよい、とするものです。これは確かに少数派の意見であり極論でもありましょうが、見かけ以上によく検討するに値します。本書ではとりあげないことにしますが、それはそれに値しないからでなく、むしろ「政治学」の枠を超えた、思想的・哲学的・総合的な考察がまず必要になることが主な理由です。以下ではむしろ戦略的降伏論とも言うべきもの、すなわち国家的独立そのものは守るべき価値として前提する立場から、考察を進めます。

戦略的降伏主義の基本「戦略」としては、次の三つが考えられます。

Ａ：国連に訴え援助を求める。別言すれば外交的に抵抗する。

Ｂ：「戦争」ではないが戦闘力もある組織により抵抗運動を行う。

Ｃ：政治的・経済的・文化的な抵抗を行う。非暴力不服従運動と言ってもよかろう。

これらはどれだけ有効性があるでしょうか。

## 3　戦略的降伏論

まずAの場合、今思い出されるものとしては、イラクの侵攻を受けたクウェートの事例でしょうか。この場合クウェートは意識的に軍事的抵抗をしなかったわけではありませんが、あっという間に占領された後、**国際連合**（国連）の武力制裁容認決議を受け、翌年の湾岸戦争（一九九一年）で多国籍軍により占領軍が撤退し独立を回復しました。しかしこれには次の反論があり得ます。第一に、国連が介入するには、国際世論の一致、特に**国連安保理事会**（安保理）で拒否権を持つ常任理事国（米、英、仏、露、中）の一致が必要です。言い換えれば、日本を武力攻撃する国がこの五カ国の一つか、あるいはその強い支持を受けた国である場合には、国連が対処できる望みは薄くなります。第二に、クウェートの場合にもそうであるように、対処できても時間がかかります。軍事的に無抵抗のままに侵攻を受け、長期間占領統治される被害を考えるならば、最終的に国連に助けられても引き合わない、というものです。しかしまたこれらの反論に再反論もできます。国連が一致できなかった場合でも、国連や他の諸国や諸国民に援助を求めることは、国際世論を動かす可能性があります。とりわけ、日本が軍事的抵抗をしないなら、少なくとも軍事的には被害者であることは明白であり、にもかかわらず侵略をやめず、また非難決議や制裁決議にも「拒否権」を行使するような国は加害者であることは明白であり、外交的に加害側を孤立させることが構想できます。これは長期化するほど、攻撃や占領支配を放棄させる圧力として働くでしょう。

Bの場合、すぐに予想される反論は、そんなものは無力だ、ということでしょう。正規軍に対する非軍事的な抵抗運動は、実際すぐに勝利をもたらすものではないでしょう。この戦略の狙いは、Aの場合と同様、長期化を覚悟で侵略者の「実効統治」を崩すことに求められます。そしてその観点はある意味で重要です。すなわち「戦争」は「戦闘」だけではない、「戦闘」に勝ってもその後の統治に失敗すれば、「勝利」も無意味になっていくことは、まさに現在のアフガニスタンやイラクでみてとれます。「解放軍」による「独立戦争」とまでいかなくても、抵抗が持続すれば、国際的な圧力や侵略国内部の士気低下や反対論も強まり、「統治のコスト」からも撤退を勝ち取れる望みが強まります。この「戦略」の最大の問題は、その中途半端さではないでしょうか。つまり軍隊によらないのなら、いっそのこと非暴力の抵抗のほうがよくはないか、ということです。どうせすぐの勝利は望めないなら、そのほうが道義面での優位が得られます。これを考えると、この戦略は「平和主義」を前提とする場合には、少なくとも主要な方針としては適さないように思われます。理念としては軍隊も戦争も放棄しないが、実際問題として解放軍による独立戦争は不可能な場合の、戦略的選択肢と思われます。たとえばナチス・ドイツ（とその傀儡政権）下におけるフランスの抵抗運動（レジスタンス）の場合などです。

Cですぐ思い出されるのは、ガンジーによる「非暴力・不服従」運動でしょう。よく知られていると は思いますが、それでも「無抵抗主義」などと誤解している人もいます。それどころか激しい抵抗運動であり、「右のほおを打たれたら左を向ける」ようなものではありません。占領者の発する命令や「法令」に逆らうことも含みますが、ただし相手の人身への直接の暴力は加えないものです。無論経済的・文化的な抵抗も入ります（最大はゼネスト）。たとえば占領者に食料を与えないことは間接的に「暴力」ではないかと言われましょうか。しかし意に反した徴発なり購買なりに応じないことで飢えると言うなら、撤退を選べばいいだけです。

以上から「平和主義」の現代日本が武力攻撃に対する道として考えられるのは、AとCの組み合わせでしょう。Aだけだと他力に頼りすぎ、Cだけだと力不足でしょう。

## 4　精神的要因

要するにA・Cの戦略的降伏または非軍事的抵抗の要諦は、流血を最小にし、道義を掲げ、粘り強さによって最終的な勝利を得ようとするものです。ではそれは有効なのでしょうか。その分かれ目は、国民の団結の強さでしょう。現代において日本侵略を狙う勢力があるとしても、それが日本国民皆殺しを意図するまたは許容する（国土さえ得られればよい）とは考えられません。日本国民を服従させることが目的または手段でしょう。そこで全国民が抵抗したら、彼等はその一部（最も手ごわい者と逆に最も屈しやすい者）を処罰するでしょう。それによって処罰された勢力の一部と、それを見せつけられた者の一部は、抵抗をやめ、服従に転じ、国民は割れるでしょう（「分割して統治せよ」が統治術の第一格律です）。それらの者の一部を、征服者は優遇さえするでしょう。これによって保身のためというより利に靡いて積極的に強者におもねる者が出るでしょう（「飴と鞭を併用せよ」が第二格律です）。彼等は次のように言うかもしれません。そもそも愛国心なんて偏狭な根性だ。勝つのが官軍なのであり、負け犬の遠吠えを続けているのは馬鹿者である。わが身がかわいいのは人間本性であり、それを非難することはできない。というよりそんな非難は、実はうまく転身できなかった人間の妬みの表れだ。等々。すなわち同胞国民を犠牲にしても個人（身内）を優先しようとする者が多ければ、この方針は有効でないでしょう。そんな者はいない、と信じるのは、明らかに現実離れした認識でしょう。そんな奴が多い、日本国民は信じられないとするならば、そんな国民を防衛することにどんな価値があるのかわかりませんし、この考察自体が無駄話でしょう。真理はその中間と考えられますから、非軍事的抵抗を考える立場にとっては、国民の団結（または愛国心）をどう高めていったらよいかということが、考えるべき重要な一課題と言うことになります。

## 5　軍事か非軍事か

以上を考え合わせて、非軍事的抵抗にある程度の有効性を認めるとしても、考えられる反対論があります。

第一は、仮にそれで「最終的な勝利」が得られるとしても、犠牲が大き過ぎる、「信念的降伏論」でないのならはじめから軍事的に防衛したほうが有効なのではないか、というものです。ここで問題なのは、軍事的に防衛して「成功」したとしても、犠牲がないわけではない、ということです。敵の「上陸・占領」を阻止できたとしても、空襲やミサイル攻撃によって被害を受けるでしょう。そしてもしかしたら、軍事的抵抗を行うことによって、それを行わないよりも直接の犠牲はむしろ大きくなるのではないか、ということです。（敵の戦力や戦略が具体的に想定できない限り、）犠牲の大小によって軍事的抵抗の良否を決めることは不可能でしょう。と言うより、現代における最大級の戦力、すなわち長距離ミサイルによる核攻撃が可能な相手に対しては、そもそも防衛は不可能なのではないでしょうか。核時代では武力防衛はほとんど不可能だ、というのがむしろリアルな認識なのではないでしょうか。いやだからこそミサイル防衛システムを急ぐべきだ、と言われるかもしれません。しかしこれが現時点ではきわめて不完全であることは確実であり、今後改良はされましょうが、おそらくそれにつれて今度はその防衛網を破る攻撃兵器が開発されるでしょうし、軍事技術的にいつかは自分の側だけ完全に防衛できるようになるという発想は、危ういのではないでしょうか。(軍事企業はこうした軍拡競争を喜ぶでしょうが。)

第二は、戦略的に降伏して非軍事的に抵抗すると言っても、はじめの降伏が耐えられない、または耐えるべきでない、というものです。ここで問題なのは戦略よりもプライドです。個人の場合も国家の場合もプライドというのは否定的結果をもたらしがちであると私は考えますが、ここでプライドの心理と倫理について立ち入って論じる余地はありません。また非軍事的抵抗論にすぐにうなずけない人の多くが疑問とするところはその有効性であって、こうした面目の問題ではないでしょう。それでも近年の軍国主義・国家主義の高まりの背景として、「軍事リアリズム」的主張とともに、こうした「国家的プライド」論があることは注目すべきでしょう。また日本が誇るべき思想家で平和主義者でもある**横井小楠**(幕末の儒学者、勝海舟や坂本龍馬らにも大きな影響)が、砲艦外交で「開国」を要求したアメリカ対策の中で、次のように言ったことが思い出されます。今戦っても勝てないからいったん屈して不平等条約に甘んじ実力を蓄えた後に攘夷する、という説もある。巧みなようだが邪道である。いったん屈してしまえば士気は落ち、臥薪嘗胆するより強きに靡きかねない。また相手にも和親を約しながら刃を研ぐのは義にもとる、と。しかしこれは別問題です。小楠が排しているのは、軍事的敗北をおそれることによる政治的屈服です。戦略的降伏論は、軍事的抵抗こそ行わないものの、政治的に屈する(たとえば併合条約に調印する)わけではありません。政治的には昂然と抵抗し続けることでむしろ士気は上がるでしょうし、軍事的に抵抗しないのは勝てないからでなく平和主義のためであるから、それこそ小楠が日本の使命とした「大義を世界に広める」という思想の実践です。

それゆえ、軍隊を持たず軍事同盟を結ばなければ日本は他国の侵略を受け敗北するであろう、とは簡単に言えないことがわかりました。それゆえ日本はその選択をすべきだ、と言ったら論理の飛躍です。ここで言えるのは、再軍備や軍事同盟が必然ではない、ということまでです。

## 6 国防の意味

ここで改めて戦後日本における「国防」の意味を考えましょう。すなわち「攻めこそ最大の守り」としないだけでなく、「目的が防衛なら他国への攻撃も可能」とはしない「**専守防衛**」という方針を前提に、考えてみましょう。

まず、①武力侵攻を事前に防ぐ、ということがあります。これに関して「平和主義者」がよく言うことは、論敵はよく「他国が攻めてきたら」ということ（「戸締り論」）を言うが、まずそのような事態にならないようにしなければならないし、それが**外交**を中心とする政治の仕事である、と。これは一面ではそのとおりであり、彼等から反動勢力などと呼ばれる人々（自称では「現実主義者」など）の議論が、平和をつくる（または戦争を防ぐ）ための手立てについて考えることはおろそかで、あるいは特定勢力が日本攻撃を企てている（と論証するのでなく、その）ような印象を与えることにより、あるいは人間「一般」の攻撃性や暴力性を安直に前提することにより、「防衛力整備」や「同盟強化」の具体論を煽りがちであることは、事実です。しかし他方では彼等の側にも一分の理はあり、仮に日本は戦争が起こらないように最大の力を尽くしたとしても、だから攻撃されないとは言えず、その場合のときを考えておく必要はあります。

次に、②侵攻してきた勢力を軍事力で「水際」で阻止する、ということです。いわゆる「通常兵器」による侵攻ならばある程度は意味ある戦略であり、（違憲の疑いはあるものの）日米安保と「自衛」隊の建前上の存在意義とされるものに重なります。したがって本書の考察では特に深入りしないことにします。ここで重視したのが、③占領しに来た勢力の統治を弱め無効にし撤退させる、というものでした。無論これらは一つだけ選ばなければならないものではなく、いろいろな組み合わせが可能です。

さらに④**経済的安全保障**の観点が必要です。古い言葉では「兵糧攻め」対策です。この面では、食料とエネルギー源を中心に現代日本には重大な欠点があることは誰でもわかります。ではどうすべきか。

a：自給率を高める。b：貿易相手を多角化する。c：貿易相手国との関係を良好に保つ。aが最も本質的ですが、たとえば石油のように望み得ないものもあるので、他の二つも重要です。以上は一見誰も否定できないことのようですが、abは**自由貿易**という方針とは予定調和はしません。すなわちaのためには**保護貿易**に傾きますし、市場経済の原則で輸出入する私企業の利益に基づいて価格を追求すればbに反する結果も出てきます。これをどう考えるべきでしょうか。軽重を考えれば、国益の観点から、（保護貿易を基本とはしないまでも、）自由貿易には制限が加えられるべきだ、ということになります。「**グローバリズム**」の立場からの反論が予想されますが、これは常に強者の論理です。強国の論理であり、強い産業の論理（日本ならクルマの輸出のためにコメの輸入自由化が必要とされ、農家が犠牲にされるように）です。これに対し二重の意味で「**国益**」が重視されるべきですが、一部の「進歩派」はこの言葉にアレルギーがあるかもしれません。しかし「国家利益」ならぬ「国民の利益」としての国益（national interest）は、観念的なコスモポリタニズムやアナーキズムに立たない限りは、進歩派だろうが左翼だろうが重要なはずです。逆に経済的安全保障を妨げるのは、政治的抵抗のときと同じく、国よりも自分を優位におく思考でしょう。自分は勝ち組の「外資系」だから、国民の多くがそれで落ちぶれても「フェアー」な「メガ・コンペテション」の結果だからいいことだとか、自分達が海外で車を売るためには、国内で農林牧畜業がつぶれても仕方がないとか、国益を無視した(彼等からすれば「超えた」？)思考が「コモン・センス」になれば、経済的独立はおぼつかないでしょう。

## 7　現実的脅威

現在の日本が武力攻撃を受ける危険性はあるのでしょうか。まず、政府や「責任者」(防衛省など)は、「現実的脅威」はあると認めていません。「有力政治家」や「自衛隊関係者」が個人的に出すものでなく、国会答弁や「白書」などでの「公式」発言ではそうです。それは発言が外交的に「問題化」するのを恐れるだけでなく、そのように発言しても裏付ける客観的根拠を出せないからでもあります。

しかし世に脅威論が出回っていることは確かであり、その中心的な出所として「右派」「タカ派」を指示しても間違いでないでしょう。具体的に現在彼等が挙げるのは、①北朝鮮、と②中国の「脅威」です。しかし彼等の主張をよくみても、なぜこれらの国が日本への武力攻撃をすると考えるのか、論理的な根拠は出てきません。そこにあふれているのは、「もし攻撃したら」どうするんだ、とか今のままでは無力だ、といった仮定に基づく危機感の煽り立てですが、「本当に攻撃するのか？」という疑問を持ちながら聞いて(読んで)も、そこには答えず、逆にその可能性の高さはまるで証明不要の自明の理であると思わせるようです。彼等だけでなく私の周りのそう思う人にも聞きまわりましたが、なぜ（何のために）日本を武力攻撃すると思うか、という問いに説得的に答えてくれた人はいませんでした。実際北朝鮮は核開発をしているとか、ミサイル実験をしたとかは言われます。しかしそんな国は北朝鮮だけでなく、「だから日本攻撃を意図している」というには飛躍があります。テポドンを日本近くに落としたのは技術力の問題に過ぎず、本当はせめてハワイかグアムの近くくらいには飛ばしたかったでしょう。確かに、これらの国を「平和主義」とも「親日」とも（他の多くの国同様）呼べません。（私はそれを正当化するために言うのではありませんが、そしてそうなるには客観的な根拠があります。）しかし同様にこれらの「国民」や「権力者」が「本性的に」侵略的であるとか日本敵視であるとかするのは、根拠なき決めつけであり敵視であると言わざるを得ないでしょう。

ではなぜたとえば北朝鮮は軍拡するのか。彼等が考えているのが日本よりもはるかにアメリカであることは疑えません。**朝鮮戦争**（一九五〇年勃発、五三年休戦協定）の講和はまだ行われておらず、アメリカは「交戦国」であり続けています。そのアメリカの政権は彼等を「悪の枢軸」の一つとして敵視しており、他の一つであるイラクを大量破壊兵器を持っていないにもかかわらず侵略しました。だとすればむしろそれを開発するほうが、攻撃を防ぐためにも、あるいは交渉の「カード」として利用するにも得だ、と考えることは自然でしょう（ここでは彼等の心理を説明しているのであって、その戦略の正当化をしているわけではありません）。詳述は避けますが、中国の軍拡も「日本攻撃」など持ち出さなくても十分説明可能です。ただし彼等が直接には日本攻撃を企てていなくても、むしろ直接には韓国や台湾、あるいはアメリカとの関係が問題だとしても、それらの国と日本との関係によって、結果的に日本が軍事紛争に巻き込まれるおそれはないとはいえません（無論そうならないための外交努力が必要ですが）。防衛省が中国の軍拡などを「潜在的脅威」と言うことがあるのは、まったく間違いとは言えず、無視してよいということではありません。いうまでもなくこれは「現実的脅威」とは別次元の問題であり、このような間接的な「脅威」という意味では、むしろアメリカの軍拡が「潜在的脅威」だという論理も成り立つからです。

したがって考えるべきことは、「もし攻撃されたら」というような可能性の低いことであるよりも、はるかに、なぜ「右翼」や「タカ派」は脅威論を振りまくのか、ということでしょう。①彼等は改憲派であり、その主目的である軍隊保持・交戦権行使の合憲化のためには、脅威論を植えつける必要がある。②彼等は反中国派・反北朝鮮派であり、その脅威を叫ぶことによってこれらの国のイメージを悪くすることができる。③彼等の（すべてではないが）多くは親米派であり、アメリカも日本の脱平和主義を策している。これは無制限なものでなくたとえば日本の核武装などには反対だが、日本を戦争ができる「普通の国」にするという点では彼等と手を取り合っている。

## 8　日本は脅威か

現代日本の防衛問題ということで、今までは日本への他国からの軍事的脅威ということを扱ってきました。ところで事柄は、現在の日本が他国にとって軍事的脅威か、という面からも考察されなければなりません。これは現在の日本国民の多くには思いがけない提起でしょうが、外国からは問題設定そのものは必ずしも意外ではない、ということを知る必要があります。以下では論点を簡単に挙げるだけにします。

①**過去の軍国主義**は復活中か。これは特に日本の侵略を受けた諸国にとっては無関心でいられないことです。結論的に言えば、現段階の日本を「軍国主義」とは言えないと考えますが、そうなりかねない事態がいろいろ進んでいることも、否定できないと考えられます。

②現在の日本の「防衛力」の実態は「専守防衛」を超えていないか。これは「兵力」や武器などの状況だけでなく、海外での「後方支援」や「人道支援」の名による活動が、既に戦争加担になっているのではないかというのは、合理的な疑いです。

③日米安保は攻守同盟化していないか。日米安全保障条約は、はじめは主として日本の防衛を名目としてきました（「主として」と限定したのは、「**極東条項**」のようにこれを越える部分もはじめからあったからです）。しかし八〇年代以降、日米「新ガイドライン」や「周辺事態法」などによって、そして②で挙げたような「自衛」隊の海外派遣活動によって、日米軍事同盟はグローバル化しつつあります。アメリカの世界戦略と一体化することによって、日本の「防衛力」を軍事的脅威ととらえる諸国が増えることは理解できます。

④「日本の脅威」を言うことで利益を得る国はないか。①‐③のように、日本の軍事的脅威論はまったくの幻想や虚偽宣伝とは言えませんが、一部に過大な議論もあることは事実です。日本で他国の脅威を叫ぶ人がいる背景に、それを叫ぶことによる利益があったように、日本の脅威を喧伝することに利益を持つ人々が他国にいることも否定できないでしょう。それはそれらの国の中で、軍拡をめざす軍部であったり、「反日」感情の形成をなんらかの政治的手段とする勢力であるかもしれません。いずれにせよ、客観的で具体的な認識を持つこと、ある主張がそれにはずれる場合はそうさせている理由を考えること

が、必要でしょう。

多くの人は、平和を願っているでしょう。しかし歌の文句ではありませんが、「祈るだけじゃ、もう届かない」のです。抽象論・感情論でなく、どうすべきか、具体的に知り、考える必要があります。

# 第三章　現代日本の警察



## 1　警察の概念または理念

警察とは何かと問われてまず答えられるのは、犯罪の取締りを通じて治安の維持を図る、国家権力の機関ということでしょう。しかしそれは建前であり、現代日本の警察の実態は、能力不足、官僚主義、はては腐敗や犯罪も多いということが、実際の事件や、それらを反映したフィクションなどによって、思い浮かびます。本書の例として普通の教科書にあるような説明はなるべく省いて、まず前半では実際に起きた問題をできるだけ紹介し、それに関わる形で後半の考察に続けたいと思います。

## 2　北海道警

二〇〇三年十一月、旭川方面本部旭川中央警察署における不正経理が発覚しました。「捜査協力者」を捏造し、にせ「領収書」を作りその「費用」を本部に請求して、実際には警視以上（本部の次席管理官、署の次長・副署長を含む）が私的流用していたものです。十一月二八日、本部長は事実を否定しました。しかし二〇〇四年二月、元釧路方面本部長が告発、三月には元弟子屈警察署次長、続いて元生活安全部長が事実を裏付ける告発をしました。八月には興部警察署長が自殺し遺書で告発し、隠し切れなくなりました。十二月、三二三五人に対する処分（うち懲戒処分九八、減給八六）が行われ、不正経理の総額は二億五六〇〇万円と発表されました。

なお高橋はるみ北海道知事ははじめ容疑を否定し、道議会では調査のための百条委員会の設置に自民などが反対し、開かれませんでした。

### 3　宮城県警

ここでも不正経理の疑惑が浮上。「改革派知事」の**浅野史郎**氏は、特に「捜査報償費」のほとんどは裏金ではないかと疑い文書閲覧を要請したが県警は拒否、二〇〇五年知事はそこでこの部分の予算執行を停止しました。仙台地裁でも不正支出の疑いが指摘されました。しかし同年十一月に次の知事が執行を解除しました。

### 4　栃木県警

一九九九年会社員後藤正和氏（一九歳）が失踪しました。両親は合計九回の捜査依頼を出しましたが警察は動きませんでした。荻野（一九歳）他二名（その後さらに一名）に拉致されたものでした。犯行団は彼を脅してサラ金から借金させ、リンチを加えました。彼が金を下ろさせられたときに銀行のビデオに写った様子を証拠としてさらに依頼しても、警察は動きませんでした。依頼中に犯行集団から携帯に電話が入りましたが、替わった警官が警察官と名乗ったため彼等は切りました。そして（これがきっかけと裁判で認定）十二月に全身に熱湯を浴びせ殺虫スプレーをかけてライターで火をつけるという残虐なやり方で殺しました。

つかまった主犯荻野は無期懲役が確定しましたが、その父は県警の警部補（氏家署交通課係長）であり、県警が捜査を放棄したこととの関連が疑われています。

二〇〇〇年七月、県警は、最も重い者を停職十四日とする処分を発表しました。遺族は県警を民事で訴え、二〇〇六年四月、地裁は捜査怠慢と殺害との因果関係を認定しました。二〇〇七年三月、高裁も従いましたが、県警は上告して今も係争中です。

### 5　埼玉県警

一九九九年一月、猪野詩織さんとAとの交際が始まりました。二月、Aはストーカー行為を始めました。六月一四日、Aとその兄とが詩織さん宅に押しかけ脅迫し、五〇〇万円を要求。そこで一五日、詩織さんと母とは上尾署に前夜のテープを持参しました。県警は「ストーカーでなく痴話げんか」としました。七月一三日、Aは詩織さん宅、学校、父の勤務先に中傷ビラ約三〇〇枚を配布。これにより同二九日、詩織さんは名誉棄損で告訴。しかし九月七日、上尾署員は告訴状を被害届に改竄しました。また二一日、告訴の取り下げを要求しました。十月二六日、桶川駅前で詩織さんが刺殺されました。これについての当日の記者会見で上尾署は詩織さんを中傷する発言を行いました。十二月、写真誌『フォーカス』が独自取材でAら犯行団を特定、報道番組『ザ・スクープ』も取り上げました。十二月一九日、刺殺実行犯と他の加害者三人が逮捕されました。

国家賠償を求めた裁判で二〇〇六年八月、最高裁は五一〇万円の慰謝料を命じました。警察では、桐敏男・吉田裕一・本多剛の三名が懲戒免職、本部長の西村浩司が減給の処分になりました。

### 6　神奈川県警

一九八六年秋、**緒方靖夫**日本共産党国際部長が自宅の通話状況に疑問を持ち、NTTに依頼して調査し、盗聴されていることが発覚しました。警察に届けたところ、はじめ捜査が拒否され、NTTが告発しました。そこで横浜地検が捜査を担当しましたが、県警から恨まれ捜査から撤退しました。しかし東京地検が調べ、結局盗聴は県警警備部公安一課が前年夏以来組織的に行った犯行によることが判明、実行犯の五人も特定されました（うち一人は急に入院し、死亡）。山田英雄警察庁長官ははじめ国会で「警察は過去も現在も電話盗聴はしていない」と言い切りましたが、後に中曽根康弘首相は警察の犯行と認めました（七月二日）。

一九八七年八月、しかし地検は起訴猶予の決定を下しました。当時の検事総長は「巨悪は眠らせない」など派手なせりふで有名な伊藤栄樹氏。緒方氏は付審判請求を行いました。しかし実行犯らは裁判所の呼び出しに「出たくないから出ない」と応じないままでした。一九八九年、最高裁は県警による盗聴の事実を認定しましたが、まさに組織的犯行であるという理由で「職権乱用」は認めませんでした。

一九九七年、民事で東京高裁は国と県に賠償命令を出しました。

なお神奈川では坂本弁護士一家が殺害されるという事件がありました。県警は解明できず、地下鉄サリン事件後にようやくオウム真理教の犯行であったことがわかりました。坂本弁護士は緒方氏の件でも活動していたので、県警がきちんと捜査しなかったのではないか、という疑いも持たれています。

## 7 新潟県警

一九八九年八月、佐藤（二七歳）を女児乱暴未遂で逮捕しました。

一九九〇年十一月、佐藤は小学四年生の少女を誘拐、自宅に監禁しました。県警は行方不明事件として取り上げたものの、解決できませんでした。なお前年逮捕した佐藤はなぜか容疑者リストからはずれていました。

二〇〇〇年一月二八日、佐藤による監禁事件がようやく発覚しました。実に一九歳になるまで九年以上にわたるもので、少女の心身の被害は大きく、ＰＴＳＤと診断されました。佐藤は懲役十四年の刑が確定しました。

ところで佐藤逮捕の際に県警本部がなかなか動かなかったことに疑問と批判が起こりました。この日彼等は何をしていたのか。警察庁から「特別監察」が来たのを接待していたのです。来たのは中田好昭関東管区警察局長（五五歳）。県警本部に着くと本部長室で十五分間口頭説明をすると、小林幸二本部長（五一歳）と外で昼食、新潟西港を「視察」、続いて温泉旅館に行って雪見酒を楽しみました。いわゆる「**官接待**」です。しかもこの際図書券を使った賭けマージャンが行われました。

### 8　長野県警

一九九五年、松本サリン事件が起きました。今日ではオウム真理教の犯行であることがわかっていますが、長野県警にはまったく解明できませんでした。そして**河野義行**氏を容疑者としましたが、まったくの濡れ衣でした。河野氏は自らの家族全体がサリンの被害を受け、妻は死に至るという苦しみの上、警察とマスコミから長期間犯人のような扱いをされました。

坂本弁護士一家殺害事件と同様、警察が適切な捜査を迅速に行なっていたら、後の地下鉄サリン事件での大量被害を阻止できたかもしれません。

### 9　富山県警

二〇〇二年、女性暴行の容疑で柳原浩氏が逮捕されました。柳原氏ははじめ否認しましたが、三日続いて朝から晩まで取調べを受け、家族はお前に間違いないと言っている、などと言われ自白、懲役三年の刑を受けましたが、服役後に別の事件で逮捕されていた真犯人が自白しました。**冤罪事件**として再審に訴え、二〇〇七年、無罪判決が下りました。二〇〇九年、再審で無視された警察と検察の責任を追及するため、慰謝料を求める民事訴訟を起こしました。

**10 大阪府警** 一九八二年十一月、賭博ゲーム機の摘発情報を漏らす見返りに賄賂を受け取っていた事件が発覚。現職警官五人、OB二人が逮捕、前本部長を含む二人が自殺、業者一〇人が逮捕され、一二四人が処分されました。

**11 愛媛県警** 県警の**仙波敏郎**氏は、一九七三〜九一年頃、移動があるごとに上司から偽の領収書の作成を指示され、拒み続けたが、犯罪行為と考え、二〇〇五年一月、記者会見を開いて告発しました。その一週間後に配置転換され、一年五か月間は仕事もほとんど与えられない「座敷牢」のような毎日だったと言います。これは報復人事だとして二月、県を提訴しました。二〇〇七年九月、松山地裁は仙波氏(巡査部長、五八歳)の主張と、粟野友介本部長の関与を認め、一〇〇万円の慰謝料を命じる判決を下しました。なお県警は二〇〇五年六月、不正経理の「事実は確認できなかった」と発表しました。

**12 鹿児島県警** 二〇〇三年四月一三日投開票の県議選で初当選した中山信一氏(六二歳)らが選挙違反をしたとして志布志署長の指揮で捜査を始めました。中山氏への投票依頼としてビールを配ったとの容疑で、川畑幸夫氏(六二歳)ら三人への聴取を翌一四日から始めました。浜田隆広警部補(四五歳)は、一六日川畑氏に、「親や孫を踏みつける血も涙もない奴だ」と言いながら両足首をつかみ、紙を踏ませました。父親の名と、「お前をこんな人間に育てた覚えはない」と書かれた紙、そして孫の名と、「早く正直なじいちゃんになってください」と書かれた紙でした。川畑氏が建設業者にビールを配った事実はあったものの、ホテル経営者である川畑氏が宿泊客を紹介した礼であることが判明しました。一七日には焼酎と現金を配ったという新たな容疑で、十五人から聴取を開始し、中山氏が経営する焼酎会社で働く藤元いち子さん（五三歳）ら二人を逮捕しました。さらに三〇日以後、藤元さん宅で会合を開き買収したとして中山氏ら十五人を逮捕し、十三人を起訴しました（一人は公判中死亡）。更に七月末、捜査を指揮していた警部（五七歳）が、買収したとして消防団長浜野博氏（六九歳）を聴取し地検に調書を持ち込んだが逮捕状は出ませんでした。当時の捜査関係者は中山氏が買収を否認していたため、勾留を続けるために別の容疑をでっち上げる必要があった、と話しました。が「認めないなら家族も逮捕する」と捜査員が脅しました。また捜査員の中から事件の見直しを求める意見も出ましたが、署長は激昂して捜査から彼をはずしました。また先述の警部は投開票日に、関係の深い現職候補と接触したことが判明しました。この県議は引退して息子に無投票で継がせるつもりだったのが、中山氏の立候補で計算が狂った、と言う県議会関係者もいます。

二月、鹿児島地裁は被告十二人全員を無罪としました。直後の国会で違法捜査ではなかったかと問われた米田壮警察庁刑事局長は「ご指摘のような取調べがあったとは理解していない」と答弁しました（三月一五日）。後に「捜査の内容については多々適切でない点があった」と認めました。

川畑氏は、国家賠償請求を起こし、鹿児島地裁は二〇〇七年一月、県に六〇万円の賠償を命じる判決を下し、確定しました。八月、浜田警部補は退職しました。九月、浜田警部補は踏み字事件で特別公務員暴行陵虐罪で起訴されました。これを受けて県警はお詫びのコメントを出しましたが、記者会見には応じませんでした。

## 13 日本警察の現代

日本における「現代」とは一般に「戦後」のことです。日本「現代」政治の最初の論点は、戦後それがどれだけ「民主」化したのか、ということですが、警察に関しても同様です。戦前「民主主義」は犯罪であり、むしろまさに警察の取締りの対象でした。戦後「民主警察」を掲げましたが、民主化がどれだけ徹底したのか、また民主化した後の逆戻りはなかったのか、疑問です。

警察の仕事は、大きく三つに、①**交通**、②**刑事**、③**警備**、に分かれます。

## 14 交通警察

この分野で不満が多いのは俗に「**ネズミ捕り**」と言われているやり方に代表される取締りです。同じ労力で違反が起きないように指導できるところを、違反しそうなところにまちうけて反則切符を切る、という手法です。罰金狙いというほかに、取締りの**ノルマ**に追われて、本末転倒の仕事になっている面がうかがえます。

## 15 刑事警察

この分野でまず問題になるのは、検挙率の低下です。犯罪の多様化、高度化など、警察に厳しい状況になったことも事実ですが、犯罪捜査能力が低下しているという声も聞かれます。度重なる**冤罪**の裏には、拷問まがいの取調べがあるという声が聴かれます。その対策として、常に内外から批判を浴びる代用監獄制度の廃止とともに、ビデオ収録などによる取調べの「可視化」という提案もあります。泉信也国家公安委員長は、富山と鹿児島の冤罪事件をふまえて、これを「検討する必要がある」と国会で述べました。

## 16 警備警察

警備警察官は五、六万人います。広義の「警備」の中には、首相をはじめ重要人物や重要な国家的行事のための、狭義の、そして当然な「警備」のほかに、**政治警察**を含みます。現代日本での「**公安**」はほぼこれに当たります。ところで政治活動の自由が認められている「民主主義国家」においては、政治警察は無用のはずです。要人やあるいは無差別のテロなどによって（個人的な利益や怨恨のためでなく）公共の秩序や安全を脅かすやからがいる以上は必要だ、と思われるかもしれません。しかし殺人、略奪、放火など刑事罰の対象となる犯罪行為を行う者は刑事警察の対象とすればよいのです。暴力団やカルト教団、あるいは「極右」や「極左」の過激団体など、自ら犯行声明を出したり常習的に犯罪行為を行っていることが認められている組織に対しては、特別な担当部署があってもいいでしょうが、刑事警察の枠内でです。すなわち国民の生命や財産の侵害などへの取締りであり、その宗教や政治の思想そのもの（それがどんなに国民の多数派からは嫌われたり現権力者に敵対的であっても）を問題にすることは許されません。しかし実際にはどんな「民主的」国家においても政治警察が（公然または隠然と）まったく存在しないものはなく、このことは警察および国家の本質についての考察を促しますが、その問題は避けて通ることにします。いずれにせよ現代日本においても「警備」とか「公安」の名において政治警察が存在し、革新政党、労働組合、大衆団体などを対象とし調査その他を行っています。

警備部門でない警察官の活動においても、その活動は重視されています（以下この段落の記述は諌山博「警備警察の情報・スパイ活動」『文化評論』一九八六年十月号、新日本出版社による）。たとえば警視庁初任科教養の講義録では、交番での立ち番見張り勤務の着眼点として次のような事項も記されています。「②警備対象者に常に関心を持ち、通行したときは服装・持ち物・行く方向・同行者をよく観察し報告する」。この「**警備対象者**」が指名手配中の容疑者や、テロに遭うかもしれない要人などであり得ないことは明らかでしょう。革新政党や労組の幹部、「反体制的な」大衆運動の指導者などであり、彼等は交番の「おまわりさん」に、日常的に監視されるということです。また④では、交番で彼等の家を尋ねた者も、「警備対象者」とみて「どこからきたどんな人物か・人相・服装」などを報告せよとされています。また外勤警察官が殺人現場などに駆けつけた際にも、被害者・加害者・またはその家族に「警備対象者」がいないかを注意するよう定められています。いわばこのブラックリストに載ると、47項目の「個人調査」がつくられることになります。そのうちいくつかを挙げると、15趣味、18団体経歴、20活動経歴、28収入、29貸借関係、33先妻・情婦の住所・職業・氏名・生年月日・続柄、38遊興関係〔遊び仲間〕の氏名・住所・職業・生年月日、41個人写真〔最近は歩行特徴を示すムービー写真も〕といった具合です。権力の政治利用というだけでなくプライバシー侵害もいいところですが、なぜそんなところまで調べるのかと疑問かもしれません。**スパイにする（情報を漏らさせる）**ためには弱み、特に金と女（男）関係を使うのが手であり、また警察であることを隠して接近するのに趣味によることもあります。交番勤務の警察官が担当地域の住民を定期的に訪ねに来て書類を作っているのは、多くの人が体験しているでしょう。しかしその内容は、「誰が住んでいるか」といった簡単なものではなくて、こうした調査にも使われます。

現代日本の政治警察には、「警察庁」の中のこの「警備」または「公安」警察だけでなく、「**公安調査庁**」があります。職員は約一五〇〇名。これは一九五二年に**破壊活動防止法（破防法）**によってつくられたものので、名前からして政治警察そのものです。それゆえ一九二五年の治安維持法によってつくられた特別高等警察（特高警察）の復活であるという批判がはじめからあります。実際その発足には特高警察、陸軍中野学校（スパイ養成所）、日本軍特務機関の出身者が参画しました。ただはっきり違うのは、（この批判も考慮したためか）公安調査庁の職員は「警察官」ではないので、逮捕や強制捜査の権限はなく、あくまでも「調査」活動にとどまることです。しかし多くの場合警察の「公安」当局と密接な連携をとって活動していることは言うまでもありません。

公安当局が最も意識してきたのは、日本共産党と朝鮮総連です。（これは彼等自身が毎年発表している報告書でわかります。）一九五〇年にGHQによって事実上非合法化され、またソ連の介入を受けた日本共産党の一部組織が武力闘争の方針を出したことは事実です。しかし講和条約発効後、合法政党として統一・再建され、この方針は誤りとして公然と認め、以後は独立した党としてソ連や中国の干渉を排して（創立時は国際共産党の日本支部）「人民的議会主義」の路線をとり続けている共産党はこの調査に抗議しています。実際半世紀以上「調査」して武力的な国家転覆を企てているといった証拠が出ないことは、その不当性を証明するともみなせます。にもかかわらず続けている理由としては、（官僚機構の弊害として自己の存在理由をつくるというほかに）政権政党にとっての「敵」勢力の秘密や弱みを権力の乱用で握れるし、警察の「調査」対象とすることで、それが犯罪的組織であり「国家の」敵であるかのような印象を、国民に与えられるからでしょう。（そして右翼文士などだけでなくれっきとした与党政治家も、合法的革新政党を過激派暴力集団と同一視する誹謗を行うことがあります。）また朝鮮総連に関していえば、拉致被害者の帰国後、かかわった者がその幹部にいたことが発覚しました。組織自体が関与したとは言えないものの、これだけ「調査」しながら見抜けなかったのは何をしていたのかと思われましょう。それどころか、二〇〇七年には、緒方重威元長官が朝鮮総連施設の強制執行を免れるために不実の登記を行ったという容疑で逮捕されるというとんでもない、そして真相がいまだよくわからない出来事さえ起こりました。

なお日本政府の情報機関としては、上の二つのほかに、「内閣調査室」と「自衛隊」の「情報保全隊」があります。

## 17 政治的中立性

警察の中立性は民主主義にとって重要な問題です。現代日本の警察はこの点で大いに監視され、批判され、改革される必要があります。右翼や暴力団に甘くしばしば癒着事件も発覚するのは、誰でも知っています。他方で左翼、反核運動や平和運動、反原発運動、消費者運動やフェミニズム運動、日本ペンクラブや生協などなどに対し、平和的なものであっても犯罪者的扱いをしがちであることは、もっと問題にされるべきでしょう。「政府の敵」や「政権党の敵」や「財界の実力者の敵」は、「国民の敵」とは異なるということこそが、民主主義の中身なのです。しかし「権力者」は権力（警察は軍隊や徴税機構などとともに権力の代表です）を国民でなく自らのために使いがちであるということを、国民はよく知らなければなりません。

## 18 階級制度

極度の上下関係があることはあまりにも有名ですが、その他に問題とされることが二つあります。第一は、国家公務員I種試験で合格して採用されたいわゆる「**キャリア**」とそうでない「ノンキャリア」の差がありすぎること。第二は昇進制度が実際の「能力」をあまり反映せず、優秀な警察官があまり出世できないことです。階級を下から記せば、

巡査―巡査部長―警部補―警部―警視―警視正―警視長―警視監

となります。キャリア組は警部補から始まり、警視正以上が国家公務員です。

**19　労組**　日本の警察官は現在の法律では争議権だけでなく団結権も認められていません。これは違憲の疑いがあります。また先進国としては少数派（たとえばアメリカでは団結権があり、警察官の労組がある）で、国際的非難を受けることもあります。これは、警察内部の風通しを悪くしている一因であるとも言われ、また警察官自身の人権が守られていないことが、警察が国民の人権を尊重しない一因であるとも言われます。

**20　公安委員会**　警察に自浄能力がないなら、これを監督する外部の機関が必要です。いや自浄能力があってもそれは必要であり、いまや私企業でも株式会社は外部監査の重要性が認められています。実は警察にもあり、**公安委員会**がそれです。「政治的中立性」という建前において共通する公立学校を監督する機関として行政機構の外部に「教育委員会」をおくのと似ています。

中央に「国家公安委員会」があります。国務大臣である委員長と五人の委員からなります。これは議会の同意で首相が任命します。

また都道府県の「公安委員会」があります。三ないし五人の非常勤の委員からなり、独立の事務局も専属の職員もいません。一九九四年の山形県では審議時間を件数で割ると、一件につき二一秒で処理されていることになり、警察が作った報告書にほとんど判子を押しているだけだと想像されます。庶務は警察本部で処理されることになっており、「監理する」側の仕事を監理される側が代行しているわけです。都道府県公安委員の少なくとも半分を公選制にし、独立の事務局と職員を持つようにするといった改善策が望まれます。

# 第四章　政治資金論



## 1　何が問題か

政治資金に関してまず聞かれるのは、政治が金で動かされている現実はよくないという、いわゆる**金権政治**への不満の声です。しかしそもそも金権政治はなぜよくないのでしょうか。歴史上これを堂々と正当化した人物としては、田沼意次が有名です。この江戸時代後期の老中は、賄賂を持ってくる者はそれだけの熱意があり代償を払っているのだから、そうでない人物よりも厚遇されるのが適切だ、と公言していました。これはつまり、重商主義政策を推進したこの政治家が、政治を金で売買する商品とみなしていることになります。「受益者負担」を裏から言えば多く負担するものほど利益を受けるべきだとなります。もしこの経済原則が政治にも当てはまるなら、所得税の率が最低枠の庶民が一票なら高額納税者は二票三票持ってもよい、非課税で国の補助を受けている貧民などは選挙権なしでよい、ということになるでしょう。これが民主主義に反しているならば、民主主義は政治を金で売り買いしてはならないものとみなしていることになります。すべてを商品化しようとするのが資本主義の力であり、資本主義が進展するとともに、宗教であれ、愛であれ、商品化の力にさらされます。資本主義が無条件によい、または不可抗力の運命だと信じる者は、「金で買えないものはない」と考えるようになるでしょう。（社会主義者が考えるように）資本主義と民主主義とは相容れない、とまで言えるかどうかは検討を必要としますが、両者の間に緊張関係があることはただちに明らかであるように思われます。

## 2 賄賂《わいろ》

「政治とカネ」の問題で最も問題性がわかりやすいのは賄賂、つまり贈収賄です。これは民主政治の建前からすれば、そして日本の法制度からも犯罪であり、どちらかと言えば法学の対象でしょう。ここでは二つの指摘だけにとどめます。贈収賄は、しかしながら発覚しにくく立件しにくい犯罪です。なぜなら他の犯罪と違い、直接の「被害者」がいないからです。金を受け取る側は勿論、与える側もそれなりの「見返り」があってのことですから、どちらも得する行為です。しかしそれが犯罪であるのは、結局はそれが国民の損害や被害になるからですが、当事者は彼等に隠れて贈収賄をするので、被害者である国民が犯罪に気づくことは困難です。では逆になぜそれが明るみに出たり証明されたりすることもあるのかと言えば、内部告発による場合が少なくありません。そこで次の問題は、防止策についてです。第一は無論、政治家や官僚の金の出入りについての透明度を高めることでしょう。第二に内部告発者を保護する法的整備と、それは卑劣な密告ではなく公益のための義務でさえあることの周知徹底でしょう（そのためには「郷原は徳の賊」であるという道徳性の獲得が必要でしょう）。

## 3 企業献金

賄賂の次に問題になるのは、企業の政治献金です。なぜそれが問題になるかと言えば、私企業は利潤を目的としている集団であり、したがってそれが政治家や政党に「献金」するということは、純粋に国家や国民のため（公益）というより、見返りを期待して（私益）であるからです。実際すべての政党や政治家に献金する企業はまずなく、自らに有益な相手に献金します。この意味で論理的に言えばすべての企業献金は賄賂です。しかし法的にはそうなっていません。なぜなのか。献金したいという側があり、受け取りたいという側があるからです。前者はつまり、金で政治を買いたい、金の力で政治を思うがままに動かしたいということです。無論彼等はそれを公然と口にすることはありません。正当化する理由としては、「企業も社会的存在であるから」などと言います。確かに企業は社会的存在ですが、政治団体ではありません。経済活動によって資本家は利潤を得、労働者は賃金を得るためのものであって、労働者や株主がどの政党を支持し、どんな政治信条を持とうが、まじめに働き、その会社の価値を下げるようなことをしない限り、無関係のはずです。それを特定の政党や政治家に献金すればその分配当や給与は減るわけですから、企業目的そのものへの背任ではないでしょうか（。当の企業に役立つ献金ならば法的な賄賂そのものです）。

このことが訴訟になったこともあります。一九六一年、八幡製鉄が政治献金を行ったことに対し、事業目的に違反していると提訴されました。六三年、東京地裁は商法違反を認定しました。しかし六六年、東京高裁は政治献金は慈善事業などと同じとして逆転判決、七〇年、最高裁も上告を棄却して司法では現在、企業の政治献金がすべてそのまま違法とは言えないという立場です。ただし損失を出している企業に関しては違法判決も出されます。なおこの「**八幡製鉄政治献金判決**」に関しては、『週刊ダイヤモンド』二〇〇八年五月二四日号の「日本をだめにした判決」特集で「企業と政治の癒着を助長した」ものとして挙げられています。

政治献金が「慈善事業と同じ」と言えるかどうかは疑問ですが、賄賂との区別が難しいことは残ります。実際的には、「政治資金規正法」の枠内ならシロという形式上の線引きをするしかないのが現状ですが、この法律自体、特に大きな疑獄事件が起こるたびに、妥当性が問題とされるのは当然でしょう。

### 4　金の集め方

金を受け取りたい側の理由は何でしょうか。政治家が欲張りだからでしょうか。勿論彼等自身はそう言いませんし、実際そう単純でありません。彼等の言い分は「政治に金がかかるからやむをえない」です。いったい何にそんなに金がかかるのか、また「かかる」のでなく「かける」のでないかと疑問が起きますが、それはまた後にして、彼等の大部分（すべてではないとしても）が個人的散財のために金を必要としているのでないことは事実のようです。では純然たる賄賂は勿論、ウラ賄賂とも言える企業献金を受け取らなければ、どうやって資金を得られるでしょうか。なおここでは政治家や家族の生活費のことは度外視します。議員や首長である政治家は公務員であり、その給与によって生活は保障されている（その額について論議があるが、ここでは触れず）ので、ここで問題にするのは「政治活動」にかかる資金だけとします。

第一に、企業献金でなく**個人献金**があります。特定の政党や政治家を支援したい資本家は、会社の金でなく自分の金を出せばよいのです。無論資本家だけでなく労働者や農民その他も同じです。そして実際そうしている人もいます（税の控除も認められている）。しかし日本では、他の先進国と比べて、個人献金の割合はかなり低いのが実情です。会社の金や労働組合の金を政治献金している者は、日本の政治が腐敗しているなどと言えた義理ではないことを知らなければなりません。

第二が、学生に尋ねるとほとんど答が出ないことが既に大きな問題ですが、これも先進国では常識に属します。すなわち党員の**党費**です。民主主義とは大衆が支えるものであり、そこには単に投票して議員さんにお任せするというのでなく、自らの政治信条に応じて政党に所属し政治活動を行い、その一環として党費を出して政党政治を支える、という理解があります。実態から言えば、日本で政党に属している国民の割合は先進国では少ないほうですが、名目的には自民党員が一挙に百万を超えたことが近年ありました。総裁選がらみや、公認争いがらみで「党員拡大」運動をしたことによります。このときには本人が知らないで自民党員にされていたり、飼っている犬や猫まで党員に登録されていたという話でにぎわいました。数だけのために誰かが党費を払って名前を借りたりでっち上げたりしていたというわけで、我が国の政治文化の成熟度を示す、悲しい喜劇でした。

第三に、金は必要だが個人献金や党費は当てにならないということでできたのが、**公費助成**という問題です。政党交付金の開始については、政治資金規正法改正問題とともに、次に「政治改革」との関連で検討したいと思います。

## 5　「政治改革」と政治資金

いわゆる「政治改革」については、第一章で取り上げました。一九九三年の細川護熙内閣の最大の、ある意味では唯一の標語が「政治改革」であり、その第一の柱が選挙制度改革でしたが、もう一つが政治資金規制の強化でした。そのため、細川首相の所信表明演説でも企業・団体献金を禁止する方針が述べられました。出す側の代表である経済団体連合会（**経団連**）も政治献金の斡旋を廃止しました。その際に平岩外四会長は、政治資金は「公的助成と個人献金によるのが理想」と述べました。ここでは、いくつかのことを考慮する必要があります。①これは経団連（財界）の本音と単純に受け取れません。事実二〇〇四年に再開されました。②財界が支えてきた自民党長期政権が崩れたのは、あからさまな贈収賄事件だけでなく構造的な「金権政治」への庶民の反発の蓄積があり、「政治を金で買う」と言われた財界も「反省ポーズ」を示す必要がありました。③一九九一年に「バブル崩壊」があり、日本経済は平成不況がいよいよ深刻化する状況にあり、タニマチとしても太っ腹に金を出せる時期は過ぎました。④自民党が野党になってしまった以上、そこに政治献金しても「うまみ」が激減しており、殊勝な反省心がなくても、現金な資本家の立場では「費用対効果」からも献金を渋るのは合理的です。⑤しかし平岩会長がこれらの本音と異なる右の発言をしたことは、企業献金が実際には悪であることを問わず語りに裏付けるものと言えます。

しかしこの細川内閣の方針に対し自民党の抵抗は強く、結局次のような「改革」で決着しました。①企業から資金管理団体への献金は当面年五〇万円を限度とし、五年後に法律で全面禁止する。②国から各政党に助成金を交付する（九五年から実施）。

なおこれらの「改革」は法的には「政治資金規正法」の「改正」という形で行われました。「規制法」と書きたくなりますが、政治資金そのものは悪いものでないのでそれを「規制」するのでなく、ルールに沿ったものにするという意味で「規正法」なのだと説明されているのが、権力者の無意識の後ろめたさと役人の小刀細工が出ていて、笑えてしまいます。

ところでこの「改革」は成功したのでしょうか。一五年以上たった今から見て「政治に金がかかりすぎる」という根本がこれで一掃されたと思う人はいないでしょう。一九九九年に予定されていた改訂作業が行われ、企業から政治家個人への献金はついに全面禁止されたものの、政党支部への献金は認められます。政治家は自分を支部長とする支部を作ればよいので、こうした隠れ蓑はいくつでもつくれます（実際一九九八年に自民党はこれに備えて五八〇〇支部を持ちました）。また「企業から政治家個人」は駄目でも、（一つまたはいくつかの）企業からいったんなんらかの政治団体（を作ってそこ）を通して政治家に献金してもいいわけです。この点での「改革」は、政治資金収支報告書の記載によって前よりは「透明度」が増したという利点はありますが、「企業献金を廃止する」という目的からはほとんどゼロであるといえましょう。

## 6　政党助成金

これは企業献金を廃止する見返りとして導入されたものです。しかし反対論もありました。まず原理的に、政治資金は党費と個人献金でまかなわれるのが筋であり、企業献金が入らないと足りないから税金からまわしてもらおう、というのは安直だというものです。導入論者は「民主主義のコスト」だとか言いましたが、政党は政府と違ってそれ自体は公共機関ではありません。無理やり取られる税金から、支持してもいない政党にまで金が回るのは民主主義と言えるかどうか、疑問の余地はあります。最後に、その見返りとされた企業献金が結局存続している現状では、政治家に「濡れ手に粟」の制度だったのではないでしょうか。この制度に反対して助成金を受け取っていないのは日本共産党です。「小さな政府」を叫び自助努力を標語に市場主義を勧める人々が自らは国からの「助成金」をたっぷりもらい、市場経済に最も批判的な人々が最も「自助努力」しているのは皮肉です。もっともこれは共産党の支持者すべてに好評ではないようです。実際たとえば消費税に反対の彼等も、法律で決まった以上は消費税を納めています。同様に助成金に反対でも決まった以上は受け取っても矛盾とは言えません。それでも受け取らないのは（パフォーマンスというより）一度受け取ったら（麻薬のように）どうしても依存するようになり（そしてやめられなくなり）、せっかくの今までの頑張りが脅かされるのを恐れているようです。あっぱれと言いたいところですが、共産党が受け取らなかった分が国民に戻るなり、福祉や教育なりに使われるなりするならばです。実際は他の政党の「助成金」として再分配されてしまいます。それなら受け取った上で、（たとえば小選挙区制や政党助成金を廃止する活動のための）「特定財源」として他の費用としては手をつけず廃止に備えるとか、文字通りの慈善事業にまわすとか、工夫ができないものかとも思います。

## 7　政党の収入

二〇〇六年度の各政党の実質収入は、自民二四二億、民主一二四億、公明七五億、共産一一五億、社民一七億です。

内訳の第一に、国からの政党助成金があります。二〇〇六年度の総額は三一七億円で、国会議員一人当たりだと四七〇〇万円になります。自民一六八億、民主一〇五億で、それぞれ本部収入における割合は自民64％、民主84％であり、依存率が高いことがわかります。第二に企業献金があります。第三に個人献金があります。第四に「事業収入」があります。たとえば自民党の場合週刊の機関紙である『自由民主』の広告料などが挙げられます。二〇〇三年度では、日本鉄鋼連盟から七億円、トヨタから六億円を得ています。週刊誌ということは年に五〇回ほど発行ですから、一回あたりいくらか計算してください。ところで私はこの新聞を購読しているという人を見たことがなく、知っている人でさえ稀です。つまりそれだけ読まれていないということであり、そこにこれだけ金をかけて広告しても「費用対効果」は大きなマイナスのはずです。ここからわかるのは、この「事業収入」というのはそういう名前のもう一つの企業献金であるということです。

## 8　政治家の収入

一九九六年度、自民党の国会議員は平均一億四〇〇〇万の収入がありました。二〇〇六年度、収入が最も多かった国会議員は中川秀直氏で三億五五六七万円、その他鈴木宗男氏が一億八〇八六万、鳩山邦夫氏が一億六四〇二万、麻生太郎氏が一億五七九三万円、小沢一郎氏が一億三四五八万円などとなっています。

内訳の第一に、党や派閥から受ける資金があります。二〇〇六年度自民党の各支部は平均四三七七万を得ています。「法人その他の団体」から自民党支部への合計は三億二八六二万円、民主党支部(四六箇所)への合計は二億六五三二万円です。第二に資金管理団体からで、二〇〇六年度の自民議員は平均七五〇〇万を得ています。第三は個人献金からです。第四は後援会からで、二〇〇六年度の自民議員は平均一二九五万円を得ています。第五は「事業収入」で、その大部分は「**パーティ券**」によるものです。二〇〇六年度の自民全体で一二七億で、その議員は平均54％をここから得ています。二〇万円を超えた購入は公開されます。二〇〇六年度のパーティ収入として最も多かったのは中川秀直氏で三億五七八万円です。他に有名どころを挙げれば、石原伸晃氏が一億一七〇万(一四位)、岡田克也氏が九五五一万(一六位)、鈴木宗男氏が九一八〇万（一八位）などです。ところでこの「パーティ」にかかった費用は、中川秀直氏の場合四五六八万円と届けられているので収入は約九倍、三位の平沼赳夫氏は費用四七八万に対して収入二億五四一三万ですから約五〇倍にもなります。つまり政治家の「パーティ」というのはそういう名前の資金集めなのであり、政治献金なのだということです。年に何度でもでき、二〇〇八年に中川秀直氏は八回行なっています。

## 9　政党の支出

これは経常費と政治活動費に分かれます。資金管理団体が五万を超えて支出する場合は明細報告と領収書の公開が義務付けられています。

二〇〇六年度の支出としては、自民党が党大会会場のホテル代として六九〇〇万、民主党が会議の際の弁当・飲料代として九二〇万などが報告されています。

## 10　政治家の支出

二〇〇六年度の資金管理団体の総支出額は、小沢一郎民主党代表が三億三二四一万円、福田康夫元官房長官が五一六六万円、麻生太郎自民党幹事長が一億七二九三万円と届けられています。

支出の内訳としては、第一に**秘書給与**があります。三人までは公費負担ですので、四人目以降のものです。自民党のベテラン議員は一〇人くらいの秘書がいます。第二に**事務所費**があります。東京、県庁所在地、地元の三箇所に置くのがふつうです。小沢一郎氏が五八三五万円、麻生太郎氏が四七〇〇万円、福田康夫氏が五八六万円となっています。第三に**後援会の運営費**があります。会員からは会費を取っている建前ですが、自民党の場合ではそれでまかなえるということはまずありません。支出内容としては活動内容や政策などを知らせる会報の発行や見学などがあります。見学というのはまず国会見学がありますが、これはふつう東京見物の一環です。というより、国会で活躍しているセンセイの姿を地元の支援者に見せる、という名分で東京見物を楽しんでもらう、というのが実態です。無論夜は宴会で、お土産もたっぷり出ます。国会見学などを含まない、会員と議員との、あるいは会員同士の「親睦を深める」ための、純然たる観光ないし慰安旅行もあります。確かにこれらの旅行は無料ではありません。しかし旅行会社に頼むよりはるかに格安であり、つまり政治家の側の持ち出しです。会員の側から言えばこれは、議員や議員に連なる「有力者」とのコネを保つことに次ぐ、後援会入りの「うまみ」だということです。政治家がこれを（理念からなり経済からなり）嫌って政策だけで訴えるなら、（タレント政治家でもなければ）「お高く偉そうにして面倒見の悪い」政治家として当選しにくいのが実情です。第四に**選挙費用**があります。公費からも出ますが、それだけで支出している議員はきわめて稀です。第五に**慶弔金**があります。山本一太議員（自民）は弔電・祝電で数百万円支出とうちあけています。葬式の場ではじめて名を聞く議員の弔電を受けたり、実質的なつき合いのない政治家の花束が届いたりする経験は、多くの人にあるでしょう。これらは明らかになくすべき習慣です。本当に個人的つき合いがある相手の場合なら、「政治資金」でなく自分のポケットマネーから出せばよいのです。第六に**交際費**があります。二〇〇六年度、安倍晋三首相は九〇〇万円、麻生太郎幹事長は七八〇〇万円を支出しています。政治活動費における割合は、安倍氏は16％、麻生氏は70％に当たります。麻生氏の場合、これは一日あたりで二〇万円以上になります。（二〇〇七年、首相になって毎晩のように高級ホテルのバーで飲み「ホテルのバーは安い」と言い、カップ麺を五〇〇円と言ったのもむべなるかなでしょう。）資金管理団体の支出は経常費と政治活動費に分かれ、政治活動費は五万円以上は公開が義務付けられています。それでわかる割合＝透明度は、支出全体に対する割合だと、玉沢徳一郎農水相が2.8％、赤城徳彦農水相が15％です。政治活動費に対する割合だと、小沢一郎民主党代表が99％、福田康夫元官房長官が82％、麻生太郎氏が63％です。支出例としては、福田氏が、三月二〇日都内の某高級料亭で一六万八〇〇〇円、パーティ参加者への「お土産」として四月二五日渋川市の某漬物店で二五万九〇〇〇円、十月一九日高崎市の某製菓店でかりんとう代二二万九〇〇〇円など、麻生氏が、二月一四日神楽坂の料亭で二一七万円、四月一四日国会内の花屋で一六万二〇〇〇円、八月二二日銀座の会員制クラブで一七万七〇〇〇円（年四回計四四万円）などがあります。安倍晋三氏も贈答品には地元名産を愛用しています。長門市の、地元民もなかなか入れないというウニの専門店に三回二三万円、毛利氏の御用窯が起源という萩焼に四回一七八万円など、贈答費の合計が二九〇万、それを含む交際費の合計が九〇〇万になっています。

安倍晋三内閣（二〇〇五—〇六年）においては支出をめぐる不祥事が続出しました。①赤城徳彦農水相は、実家に多額の「事務所費」を計上した上、同じ領収書で二重の計上もありました。②佐田玄一郎行革担当相は、政治団体の経費を他の団体に付け替えていました。③玉沢徳一郎農水相は、一枚の領収書を複写して多重計上していました。④松岡利勝農水相は、無料で使える議員会館を「主たる事務所」としながら計三〇〇〇万円以上の事務所費・光熱水費を計上していました（「なんとか還元水」発言。これは「経常費」の部分なので、確かに現行法では明細報告を義務付けられていません）。また明細報告が義務付けられているのは「資金管理団体」だけなので、資金の迂回があります。たとえば佐田玄一郎氏の資金管理団体は、支出の半分以上を「佐田玄一郎後援会」に寄付しており、そこからいろんなところに支出や寄付があるので、実態はわかりにくくなります。

## 11　国民の問題

さて結論です。民主主義の観点からすれば、金で政治（政策）を買おうとする市民の動きと金で国民（投票）を買おうとする政治家の動きは阻止すべきです。そのためにはどうしたらよいか。企業・団体献金と政党助成金の廃止は、正論です。政治資金は、個人献金と党費でまかなわれるべきです。政治活動は国民自身によって担われるのが、民主主義の本道です。このことに比べれば、支出のすべてを公開することや一円から領収書を付けさせることなどは、（改善ではあるが）より小さな問題です。言い換えるとこういうことにもなります。日本の政治を金まみれにしている主犯は、金権的な資本家や政治家であるとしても、国民のたかり体質がそれを助けてもいる、ということです。また労働組合は、自ら政治献金しないことは勿論、自企業に政治献金の中止を要求すべきです。そんな金があるなら従業員になり、せめて真の「慈善事業」なりに回すべきだ、と。資本家はこれは「経営権」に属すると応えるかもしれませんが、そんな言い分を認めてはなりません。今日労組の活動は低調ですが、勤労者の権利を守るだけでなく、企業統治の能力を形成するという方向でも、存在価値を高める必要があります。金をかけない「理想選挙」では**市川房枝**が有名でした。**青島幸男**はそれを継ぐようなポーズで、国民主体の選挙でなくタレント選挙に堕落させてしまいました。彼のその後は周知のとおりですが、一過性のタレント政治家に目をくらまされがちな人もいるようです。国民全体として政治を、私益追求の企業の論理の延長にとらえたり、就職や出世、冠婚葬祭や飲み食いの「役に立つ」ものととらえたりするのをきっぱりやめましょう。そうした私益につけこんで権力を得ようとする政党や政治家への支持をやめるだけでなく、公益にかなう政党や政治家のために自分の時間、知恵、体力、経済力などを割くことに努めましょう。民主主義を内部から腐らせるたかり体質による、「パンと見世物」を求める衆愚の劇場型政治ではなく、国益や公益について知り、考え、話し合い、行動する民衆の存在が、金権政治（ティモクラシー）ならぬ民主主義（デモクラシー）の成否を決めます。

# 第五章　政治とメディア



## 1　伝達と歪曲

まず具体的な出来事を一つ紹介しましょう。二〇〇四年、アメリカの大統領選挙のときです。民主党のケリー候補がデトロイトのアイスホッケー場で開いた演説会は空席が目立ちました。入場者をなるべく一階の花道の両側に誘導し、二階の空席は青い布をかぶせて隠し、誰もいない三階は天井から下ろした黒幕で覆いました。夜のニュース番組では、支持者が会場全体を埋め尽くしたかのように見えました。この集会が最も盛り上がったのは、実はゲストのスティービー・ワンダーが熱唱したときで、それが終わると帰宅する人も見られましたが、テレビはその場面を映しませんでした。同じような演出は、対立候補のブッシュ陣営でも、また他の選挙のさまざまな陣営で行われたに違いありません。(以上『朝日新聞』「窓」欄の坪井ゆづる論説委員による)。

民主政治によって重要なことは、民衆が政治の実態を知ることですが、直接に知ることができるのはごく限られています。ほとんどの人にとって多くのことはテレビや新聞などのメディア(媒体)を通じて知ることになりますから、その役割は重要です。しかしそれが事柄の全体を伝えることは不可能であり、また本質的なことや重要なことを伝えているかどうかも疑問です。このことはこんにちは一般論としては広く認められていると思われますが、より具体的に考察するのが今回の狙いです。なおここで単に「メディア」というのはマス・メディアのことに限定します。

## 2 テレビから政権へ

細川・非自民政権については、第一章の「選挙制度論」で触れました。ところでこの内閣については、「田原・久米政権」という仇名がありました。成立にマスコミ、特にテレビの影響が強かったためです。一九九三年、佐川急便汚職で金権批判を浴びた自民・宮沢政権は、「政治改革」を公約することによってのりきりを図りました。**田原総一郎**氏がテレビのインタビューで、いつやるか、できなければどうするか宮沢喜一首相を追及し、進退をかけて今国会で行う、という言質を取りました。しかしこれは実現しませんでしたが、そこでテレビ局はこの場面を繰り返し繰り返し放映し、これが宮沢政権への大きな打撃になったと言われます。

野党とともに不信任決議に賛成した小沢一郎議員らを「改革派」としその反対派を「守旧派」として善悪のイメージをつける「報道」がテレビ各局で行われましたが、とりわけ**久米宏**氏をメイン・キャスターとする「ニュース・ステーション」（テレビ朝日）では、伝えているのとは異なる（たとえばひそひそ話の）場面での映像をかぶせるような技法まで用いて、「守旧派」を「悪代官に見せる」演出を行いました。その後自民を離党して新生党を立ち上げる小沢一郎氏らが野党とともに不信任決議に賛成したため可決され、宮沢首相は解散して総選挙になりました。そこでもこの番組は明らかに公正を欠いた「報道」を行いました。一九九三年六月一日から七月一八日までの、この番組での政党別一人当たりの平均登場時間は次のとおりです。自民九八秒、社会四一秒、公明五三秒、共産四六秒、新生八五秒、日本新二一八秒、さきがけ二二〇秒。生出演の回数だと、さすがに自民が最多で三九回ですが、社会の八、公明・共産の各三に対して新生一四、日本新七、さきがけ八というのはやはり優遇されています。ちなみに個人で言えば最大は日本新党の小池百合子議員が一人で九三二秒出ています。

これは意図的なものでした。テレビ朝日の**椿貞良**報道局長（取締役）が民放連合会で、「非自民政権が生まれるように報道せよ」「小沢一郎の『けじめ』を棚上げにしても非自民政権が生まれるように指示した」と発言しました。当然自民党は問題視し、十月一三日に国会で追及しました。

これに対しメディアを含め一部では、むしろそれが問題だ、メディアへの権力の介入であり、報道の自由を侵すことにつながる、という反発も起こりました。一般論としては確かに報道の自由は国民の権利として守られなければならないものです。しかし他方テレビ報道に関しては「不偏不党」「政治的に公平」という条件が**放送法**で課されています。これは新聞報道にはありません。無論虚偽を伝えれば「名誉棄損」になるのは同じですが、たとえば自民党に「偏った」報道をしてもかまいません（し、現にそういう新聞はあります）。違いは電波の公共性のためにテレビ局が許認可事業になっており、地上波は数局しかないからです。新聞は誰でも発行でき、何百種類も出ています。「創価テレビ」や「テレビ赤旗」などが自由に開けるなら、「公平」である必要はないでしょう。（いまやケーブルなどを通じて一〇〇局近く受信できるところもあり、将来多くがそうなればこれは変わる可能性はある。一日中アダルトを流している局が認められて一日中仏教を布教する局が認められないのはなぜか、という理屈は通用しないと断定できない。）

週刊誌は「不偏不党」「政治的に公正」であることを求められてはいません。事実政治団体が発行しているものもありますが、それをはっきり出さず「国民世論の声」のような体裁で編集や主張が行われたり、それが政治に影響することはあります。一例として二〇〇四年イラク人質事件での、人質および家族へのバッシングがあります。三人が人質になったことが官邸に伝わったのが四月八日、当日夜の記者会見で、福田康夫官房長官は事実を伝えるとともに、犯人側が要求した「自衛隊」の撤退をただちに拒否しました。そこで家族がこれに応じるよう政府に求めたのに対して非難や攻撃が行われましたが、その大きな火付け役になったのが**『週刊新潮』**(四月二二日号)でした。そこでは、「国民に対するお詫びどころか、当然のように『自衛隊は撤退しろ』と叫び続けた。自己責任という原則を忘れ、権利だけをふりかざす不可思議な感覚」「常軌を逸している」と当事者を非難しています。また撤退を唱えた小沢一郎議員に対しても「タイミングが悪い」とし、「非常に未熟で短絡的」という評論家の言葉を添え、家族の声に理解を示した古館伊知郎氏(報道ステーション)には「平和ボケ」と罵っています。

いかにも『週刊新潮』らしいのは、このような「意見」だけでなく、当事者や家族の個人事情についてあることないこと感情的な言葉で報じて、誇張、虚偽、中傷を含めて人格攻撃を加えていることです。若い今井紀明氏については家族の政治的立場に触れることで左翼青年という印象を与え、彼がブログで神戸の児童殺害事件について書いた感想に寄せて核マル派の「論調にも受けている」と過激派とつながりがあるかのような書き振りです。高遠菜穂子氏については「かつて手のつけられない薬物常習者」と決めつけ、彼女のイラクでのボランティア活動には、「資産家令嬢の『自分探しの旅』」と読者に反感を与えるレッテルを貼ります。写真家の郡山総一郎氏については、かつての自衛隊所属や離婚などの個人情報を公表し、性格的に問題ある人物のような印象を与える書き振りです。そしてこの家族たちには「共産党系」の「反戦団体」「支援団体」が「はりつい」て「仕かけ」や「演出」をしたと何の具体的根拠も挙げずに書きます。家族の安全への心なり自分の政治的意見なりからの要求でなく、裏から操られているかのような書き振りです。そして彼等や同調者を非難するだけでなく、「救出にかかった費用は彼等が負担すべき」という主張にもなっていきました。イラク人質事件は**「自己責任」イデオロギーの跳躍台**にされたという意味で大きな出来事でしたが、メディアの問題としても注目されます。

## 4　政権からメディアへ、第一例

二〇〇一年一月三〇日のＮＨＫの番組「ＥＴＶ二〇〇一：問われる戦時性暴力」（従軍慰安婦問題を扱った）は放送とともに問題になりました。番組制作に当たって協力した団体「戦争と女性への暴力・日本ネットワーク」が、当初の計画とは異なる内容に改変したことで抗議したからです。市民法廷の重要部分を削除し、逆に右翼系と言われる学者がこの法廷やそれにかかわった被害者たちを批判する場面を加えました。この団体はＮＨＫと制作会社二社に対して損害賠償を求めて提訴し、二〇〇四年三月、東京地裁は制作会社一社に対し一〇〇万円の支払いを命ずる判決を下しました。二〇〇五年一月一二日、ＮＨＫの番組制作局チーフ・プロデューサーの**長井暁**氏が、記者会見で内部告発し、この改変には自民党の幹部である**安倍晋三・中川昭一**両衆院議員が「偏った内容だ」と介入したことによるもので、現場による技術的変更でなく、幹部の指示で二度の大幅修正をしたと発言しました。中川昭一は九九年、農林大臣のとき、「所沢ダイオキシン」事件で十分に正確と言えない報道を行ったテレビ朝日に農民への賠償を迫ったこともあります。二〇〇七年一月、東京高裁は、放送前日、NHKの松尾武氏(放送総局長)と野島直樹氏(国会対策担当局長)が安倍晋三氏を訪ねたことを認め、NHK側が有力政治家の「意図を忖度して」、制作協力者への説明義務を怠ったまま改変したのは期待権を侵害したと認め、二〇〇万円の支払いを命じました。二〇〇八年六月一二日、最高裁は高裁判決を破棄し、原告の請求を退ける逆転判決を下しました。判決理由としては、原告が主張した「期待権」は「原則として法的保護の対象外」であるからという形式的なもので、政治家の介入とNHKの番組改編との関連性については、一切判断しませんでした。

この事件の問題点はどこにあるのか。従軍慰安婦問題自体も勿論問題ですが、ここでは政治とメディアという観点にしぼるとして、『東京新聞』社説(二〇〇五年一月一三日)が次のように述べているのは、重要点を突いていると思われます。放送法は政治的公平を求めているが、同時に「法律に定める権限に基づく場合でなければ」干渉されないとしており、これを無視する中川・安倍氏は不公正である。表現の自由を保障し検閲を禁止した「憲法のイロハも理解していない」。「表現、報道の自由が封じられ、悲劇的結末を防げなかった苦い経験を繰り返さないよう、表現の自由は最大限尊重されなければならず、メディアは自由を守り抜く責任がある。/予算、決算が国会の審議対象であるNHKは、ともすれば政治家に迎合する傾向があるようにみえる。」「これを機に、外部メンバーによりNHKと政治の関係を洗い直し公表すべきだ」、と。補足すると、テレビ番組を見た後で「偏っている」と思えばそれを批判する権利は、総理大臣にも無名の国民にも当然あります。しかし放映前にその内容について権力を持つ者が調べるならば**検閲**に当たり、意見を出して変更させれば不当な介入に当たる、ということです。しかし裁判や内部告発などを通じて浮かび上がってきたのは、ＮＨＫには権力者とのつきあいが日常化するなかでこの緊張感がなく、癒着と言われかねない実態があった、ということです。ちなみにこの問題についての国会での論議と裁判関係についてのＮＨＫの報道も、公正とは言えないもので問題化しました。

## 5　政権からメディアへ、第二例

**小泉純一郎首相**は、メディアを積極的にかつ巧みに利用したことで特徴的でした。そのような戦略をとった要因としては、小泉氏が、所属する自民党の中で必ずしも強い基盤を持っていなかったことと、森喜朗首相時代に自民党自体への国民の支持も下がったことから、大衆の直接の支持を必要としたことが考えられます。まずは総裁選挙が代議員だけでなく党員全体で行うことになった機会をとらえ、それでも選挙権を持つ党員がごく少数と思われる聴衆を相手に街頭演説を多用しました。テレビを意識し、いわば国民的イベントに演出することで、自民党と自分への注目度を高めようとしたものでした。生の「絵」で見せられるイベントやショーはテレビの好むところで、前の森政権が実力者「五人組」なるものの裏の談合で成立しただけに、効果覿面でした。小泉氏の演説スタイルもテレビ向けです。「ワンフレーズ・ポリティックス」と言われましたが、単純な言葉で（したがって事柄を**単純化**して）それを繰り返す、つまり一五秒でキャッチコピーを毎日何度も繰り返す、テレビＣＭと同じ手法です。難しい説明や議論でなく、時に絶叫型をまじえた感覚的な決めつけです。さらにこの総裁選では、彼以上にテレビ向きの政治家である**田中真紀子**議員が、女房役として活躍しました。大衆をつかむセンスと語り口を父の田中角栄首相から受け継いでいた彼女の大きな貢献によって外相の地位を得、後に切られるまでは初期小泉内閣の人気を支え「**ワイドショー政治**」などとも言われました。

首相になってもこの戦略は続けましたが、一日二回のテレビカメラ前でのインタビューはその典型です。官房長官は定例会見がありますが、実は小泉内閣までは、首相自らが直接カメラの前で語る場はあまりなかったのです。国会冒頭での演説、外遊や大きな事件があったときの記者会見などでした。それがいつでも、また野党や批判者のいないところで自分だけ発信できる場を得たわけです。確かにこれは裏の面もあり、腹芸の名人かもしれないが言論能力の評価は低い者（過去には「アーウー」首相とか、「言語明晰意味不明」と言われた首相などがいた）や喋るほど失言や暴言でマイナスになる者（森前首相がそうであった）ではできない芸当です。ただしここでの聞き手は選ばれた数人であり、馴れ合いの要素が強いものです。小泉以後も続きました（福田首相は一日一度に減らしたいと言ったができなかった、また辞意表明後一時期拒否した）が、この場で問題発言が出ても突っ込みがない点、たまに意欲的な質問が出ても首相が二度はぐらかしたらやめると言う不文律があるとされる点など、政権とメディアとの共犯関係と言いたくなる面もあります。学者の調査によると、「テレビをよく見る人」ほど小泉首相の支持率が高いという結果が出ました。

テレビだけではありません。小泉首相は、はじめて**スポーツ新聞**との会見も行いました。テレビが主に主婦対策なら、スポーツ新聞はオヤジ対策、ブルーカラー対策ということでしょうか。最も印象的なのは、首相就任後最初の大相撲で、優勝賜杯を自ら渡したときです（普通は代理が出る）。怪我をしながら決定戦で勝った貴乃花に、「痛みに耐えて頑張った、感動した！」と絶叫した場面は、テレビニュースでも繰り返し流れました。翌日のスポーツ紙の扱いでは優勝したのが貴乃花か小泉かわからないようだ、とさえ言われました。ちなみに小泉首相は国会内でスポーツ新聞を読む唯一の議員だそうです。

これらのメディア戦略は、無論小泉首相自らの考えもありましょうが、メディアを熟知した秘書官**飯島勲**氏の振り付けによるものが大きいといわれています。次の安倍晋三首相は前任者の「成功」に学ぼうと思ったのか、はじめて広報担当の首相補佐官として**世耕弘成**議員（NTT広報部出身）を起用しました。もっとも安倍・福田・麻生の後継首相のメディア戦略が小泉ほどうまくいっているとは言えないようです。ただし**広告代理店**が選挙だけでなく党大会の演出にもかかわるなど、政治とメディアとの新たな結びつきが進行していることは、間違いありません。

## 6　政権からメディアへ、第三例

政権とメディアとの新たな結合は、やはりアメリカが先進国です。旧ユーゴ内戦では、NATO軍の側を正当化するために、「民族浄化」政策というナチスを連想させる語をセルビア側になすりつけたことが、大義名分を与える役割を果たしましたが、その黒幕はアメリカの広告会社ルダー・フィン社でした。そのハーフ氏は、「情報が真実かどうか確かめることでなく、「我々に有利に情報を広めるのが我々の仕事」とあけすけに語っています。金を出す「客」（クライアント）に対して宣伝情報を作り出したり広めたりすることで利潤を得る私企業とそれを（経済活動のためでなく、戦争を含めた権力争いのため）利用する政治勢力の結合は、**メディア・コントロール**によって民主主義を形骸化します。湾岸戦争における「流出石油に苦しむ水鳥」や、イラク戦争における「脱出女兵士」などのデマ報道は、こうした流れの中で生まれたものでした。大統領選挙などでは逆効果になりかねないあらわなデマはさすがにみられないものの、テレビのスポットCMなどは莫大な費用がかかり、このための金集めスポンサー集めが金権政治の土台にならないでしょうか。オバマ氏は大統領選で比較的「浄財」を集めたと言われていますが、今後注目し続けるべき問題でしょう。

## 7 圧力団体からメディアへ

メディアを政治利用しようとするのは、政治権力だけではありません。圧力団体もまたそうですが、有名な例としては創価学会による「**言論妨害事件**」があります。

一九六九年、創価学会は『創価学会を斬る』の著者藤原弘達氏、出版社日新報道、取次店、書店にも圧力をかけ、出版をやめさせようとしました。出版予告が出ると電話や手紙で抗議・脅迫を行いました。さらに竹入義勝公明党委員長が田中角栄自民党幹事長に、女性問題での追及をやめる見返りとして、出版阻止を依頼しました。田中は藤原に出版の中止や書き直しを求めたり、初版分は全部買い取るという条件を出しましたが、断られました。創価学会は出版後、取次ぎや書店に、扱わないことや返本を働きかけましたが、流通過程にまで介入した出版妨害ははじめてのことでした。これを藤原氏は新聞『赤旗』紙上で告発しました。創価学会と公明党ははじめ「事実無根」と否認しましたが、田中角栄は関与を認めました。一九六九年から七〇年、国会でとりあげられ一般に知られるようになりました。組織的な脅迫・嫌がらせ・買収があったこと、公明党幹部の働きかけがあったこと、藤原に対して以外にもあったこと（たとえば内藤国夫『公明党の素顔』）などが次々と発覚し、一九七〇年、創価学会の池田大作会長が公式に謝罪して事件はいちおう収束しました。これらの本は今日では自由に読めますが、圧力団体もその組織力や経済力を使って、また政権側との取引を通じてメディアに介入することがあるという、教訓が得られます。

似たような事件は他の組織にもあり、たとえば部落解放同盟が起こしたものなどが有名です。

## 8　表現活動へのテロ

政治上の言論へのテロも勿論ありますが、文芸などの表現活動に対する政治テロもあります。一九六〇年十二月号の『中央公論』（十一月一〇日発行）に「風流夢譚」という小説が掲載されました。作者の深沢七郎氏は「楢山節考」（五六年）で第一回の中央公論新人賞を得た作家です。主人公がいつものように通勤しようとすると都心で騒いでいるので行ってみると革命が起きていた。天皇夫妻が断頭台にかけられ落ちた首がころころ転がった。すっかり興奮したが実は夢だった、という内容でした。これに対し右翼から批判が起こり、十一月二八日には愛国党員八名が中央公論社に来て「抗議」しました。三〇日には宮内庁が「不愉快」と談話を発表しました。法務省は「名誉棄損にはなりにくい」としましたが、『中央公論』の竹森編集長は宮内庁を訪れ謝罪、翌四月一日には愛国党本部にも赴きました。三日には右翼の代表八名が社に来ました。中央公論社の嶋中社長（三七歳）は新年号の「社告」で遺憾の意を表明しました。一九六一年一月三〇日、右翼の諸団体が抗議集会を開き、その後代表三〇名が社に来て乱暴を働きました。二月一日、当日離党届を出した**愛国党**員小森一孝（一七歳）は嶋中社長の自宅に来ました。不在の社長に代わって出た雅子夫人（三五歳）を刃物で刺し重傷を負わせ、助けに来た家事手伝い（五〇歳）を刺し殺しました。

この「**嶋中事件**」は、小説に対するテロであり、しかも作家でも出版者でもない者が被害を受けた、衝撃的な事件でした。さらに事件の過程やその後も、テロに屈する対応となり、日本の表現活動全体が傷を受けました。深沢氏は左翼でも革命家でもありません。後にこの作品を「諧謔」と言いましたが、実際天皇制とともに当時の「革命気取り」に対しても風刺を読み取れます。そもそもこうしたブラックユーモア系は読者の反応が大きく分かれるのがふつうで、いくら小説でしかも「夢だった」という設定でも、実在する天皇が「登場人物」として処刑されるというのは、(文芸作品としての評価とは別に) 批判の対象になり得るでしょう。勿論、それが気に食わないからと言って相手を刺し殺すなどはあってはならないことです。しかし中央公論社の対処は終始腰が引けたものでした (中村智子『「風流夢譚」事件以後』田畑書店、一九七六、など参照)。そしてこの小説は単行本はもとより深沢氏の著作集にも収められておらず、今日でも読めません。直接には深沢氏自身の意志のようですが、私達としては、復刻によってまた犠牲者が出てはという配慮もあるのではと忖度せざるを得ません。

ほかにも例はあります。ノーベル賞作家の**大江健三郎**氏の「セブンティーン」(浅沼稲次郎社会党委員長を刺殺した愛国党員をモデルにしている) の一部も、雑誌に出て右翼の攻撃を受けいまだに読めないままです。

文芸以外でも、映画監督の**伊丹十三**が襲われた事件などがありました。

### 9　記者クラブ制度

日本の報道の問題の一つとされるものに、記者クラブ制度があります。法令によるものでなく任意団体で、第一回帝国議会を機につくられたものとされます。誰でも入れるものでなく既存の会員の同意によるので、一種の既得権です。多くは、週刊誌の記者やフリーライターは除外されています。記者会見の主催者となり、その際会員以外の参加は特別な承認が必要です。このように問題の一つはその閉鎖性です。

記者室やその運営費（光熱費、電話費、複写費、備え付けの新聞費、テレビ受信料、事務職員人件費）は、はじめ取材される側が提供していました。一九九〇年代後半以降、一部負担になりましたが、実費と比べてかなり安いのがふつうです。これも、閉鎖性の問題と合わせて、馴れ合いをうみやすい理由とされます。記者と政治家・官僚との「懇親会」もあり、その費用が公費から出ることもあります。

記者クラブ制度を廃止すべきだという意見もあります。公式発表は、外国同様に登録制で十分という主張です。二〇〇一年、**田中康夫**長野県知事は、「脱・記者クラブ宣言」を行いました。会見を記者クラブでなく県主催とし便宜供与を停止しました。これに大手マスコミは反発し確執が続きました。二〇〇七年、**東国原英夫**宮崎県知事も、現行の記者クラブのあり方は見直すべきとの問題提起をしました。

## 10　インターネット

政治とメディアに関して今後大きな問題になってくるのは、インターネットの問題でしょう。

まず「**2ちゃんねる**」の問題があります。一九九九年に開始されたもので、管理人は西村博之氏、サーバーは米国内にあり、広告収入は数億円と言われています。名誉棄損・プライバシー侵害などで東京地裁だけで五〇以上の訴訟があり、ほとんど敗訴で制裁金四億円以上になりますが、西村氏は払わず、払う気もないと公言しています。二〇〇二年に**プロバイダー責任制限法**ができましたが、強制力・罰則がなく、法の盲点をついた悪質な商法も許すものです。

## 11　国民の問題

私達はどうすべきか。勿論、メディアなしでやっていくことはできません。ところで、メディアの問題点を示すために挙げた第一節の話は、メディアから得られたものでした。すなわち私達はメディアの適切な使い方（**メディア・リテラシー**）を学ぶ必要があります。

基本的なことを言えば、たとえばテレビの媒体としての特徴としては、「イメージ」が重要で「絵になる」ものや「ストーリー性のある」ものを好み、「おもしろさ」を追求し「善悪二元論」の単純化を行う傾向があります。テレビの中ではＮＨＫは権力に、民放はスポンサーに弱くなりがちです。民放各局、あるいは勿論新聞各紙などにも特徴がありますから、同じ出来事をどう伝えているかを読み比べるなど、各自で研究してみるのもいいでしょう。

# 第六章　圧力団体と大衆運動



## 1　一般国民の政治行為

「政治」とは「権力の獲得および行使に関する行為」でした（序章）。そこでこの行為を職業とするものが**政治家**であるとも考えられます。しかしこの定義ではたとえば違法駐車を取り締まる婦警も「政治家」に入りますが、それは一般の用語法とずれます。裁判官や司法職員はまず除きましょう。行政においても、末端の職員も除かれましょう。ふつう「政治家」と言われるのは、議員や大臣や首長、あるいは政党の幹部などです。つまり国家や地方自治体など政治社会において、根本的または重要な意志決定に職業的にかかわる人のことと言えます。しかし政治的行為の主体は政治家だけではありません。納税のような国民としての義務遂行も政治行為の一つですが、これはどちらかと言えば法学の対象でしょう。義務でなく権利としての政治参加を問題にすれば、議会制民主主義における国民は、公務員と規定される権力者の選出（および罷免）という、政治行為を行います（選挙制度論については第一章）。また政治団体（特に政党）をつくりその党員や党友として活動できます。その組織が大衆的な場合、構成員には、専従活動家や職員のような「政治家」とみなされる人々以外の者も含まれますが、それらについてもここではとりあげないことにします。さらに残るのは、国民が政治家に陳情・提案・要求などを行うことです。この場合相手が立法・行政の機関そのもので、請願権の行使のような法的手続きに即して行われる場合もあります。法的には決定権のない、あるいは漠然とした「有力者」や「実力者」を相手とすることもあります。また新聞に投書するとか街頭デモを行うとか、権力者からは無視され得るが直接には世論形成を狙いとする行為もあります。しかし現代で一般国民による投票以外の政治行為として重要なのは、圧力団体による働きかけと大衆運動であるように思われます。請願やマスコミの利用もしばしばこれと結びついています。

では圧力団体と大衆運動とはどこが違うのか。**圧力団体**とはそれ自体は政治組織ではなく、たとえば業界団体だが、組織的継続的に政府や政党などに政治的な働きかけを行うものを言います。これに対して**大衆運動**とは、政治目的によって作られたものですが、政党と違って、権力の獲得でなく、ある政策の決定など、権力の行為内容を動かそうとするものです。

ところで近年、これを「議会制民主主義を否定するもの」として非難する政治家がいました（反原発運動に際してのある自民党議員）。これは間違いであり有害な考えです。なぜなら第一に、議会制は議員に全権委任することを意味していません。個別の論点や新たに現れた問題について国民が直接に意思表示することは、議員あるいは議会制度にとっても有用です。第二に、そもそも民主主義としては直接民主主義のほうがすぐれているが、実行が難しい（特に大国では）ため次善として議会制がとられているのである（それゆえ、憲法制定や改定など部分的には直接民主主義も入れられることも多い）から、それを補完するものとして国民の直接参加は望ましくこそあれ、対立するものではないのです。圧力団体や大衆運動の存在そのものは、民主主義にとってよいものです。しかし勿論それらのすべてがよいわけではありません。

## 2　圧力団体

まず圧力団体について考察します。この存在意義は自明であるように思われます。一般国民が権力者を動かそうとするとき、個人よりも集団で行うほうが有効であると考えられます。また本来は非政治的（経済的、文化的）な目的でできた圧力団体が、共通する利害のためにその数の力を政治的にも使おうとするのも自然です。前節でも述べたようにこれは悪いことではありませんが、「圧力団体」というと否定的な語感があります。権力からすると「圧力をかけられる」ことがいやだからでしょうか。しかし民主主義にとってはそれは当然のことです。それに相手となる政党や官庁にとっては、圧力団体というのは同時に支持組織や天下り先である場合が多く、実際は持ちつ持たれつなのです。そこでこんな名前で呼ばれる理由として憶測できるのは次の二つです。第一は、権力者が政策決定において責任を転嫁するため。たとえば食糧管理法時代米価を値上げしたのは「農協の強引な圧力」のためと都市消費者に訴えるような場合です。第二は個人主義的な政治学者が、政治は「人格」なり「見識」なりに富んだ政治家がその理想によって導くべきもので、大衆が利害を通すために数を頼んで口出しするのはよくない、とするような空論です。

## 3　圧力のかけ方

活動方法としてはどのようなものがあるでしょうか。①政治家への働きかけ。②官僚への働きかけ。③マスコミへの働きかけ。④一般国民への働きかけ。⑤政府の審議会などへの参加。

ここでまず問題になるのは、これらの「働きかけ」には表のものと裏のものとがあることです。①や②の場合、議員や役人が「国民の声を聞く」ことはよいことです。この場合「裏」というのは、執務時間に公式の場で行われる接触ではなく、休日のゴルフ場や夜の料亭などで行われるものです。なぜそれが問題かと言えば、非公式の場ですから公式記録もなく、贈収賄の温床になるとともに、明瞭な賄賂がないとしてもその場の料金を「割り勘」にするとは考えにくく、実質的な買収の性格が強いからです。③の場合、投書したり取材に応じたりするものと、意見広告を出す場合に分けられます。後者は金がからみますが、マスコミは直接の権力者ではないので、意見広告としてけじめがついている限り、買収とは言えないでしょう。近年問題になっているのは次のような場合です。自らも新聞・雑誌・単行本などを出している宗教団体が、その広告を他のメディアに大量に出すということです。これは確かに合法的ですから問題は受け入れるメディアのほうで、節度や見識がないと「上得意さん」に軒を貸して母屋を取られかねません。メディア上での、あるいは電車などでの「中吊り広告」での見出しによって、雑誌や本を買わせなくてもその宗教団体のプロパガンダをすることもできますが、中にはそれが対立関係にある人から誹謗中傷として訴訟になったこともあります。「節度や見識」が求められるゆえんで、新聞社や鉄道会社は権力機関ではありませんから、ある種の広告や表現は断っても言論弾圧ではありません(猥褻関係では現に行われています)。④の中身は、ビラなどの配布、大衆集会や示威行動(最もオーソドックスなものはデモ行進)などです。⑤が近年多くなったもので、現在二〇〇以上あります。昔からある有名どころでは、税制調査会(税調)、中央教育審議会(中教審)、社会保健医療協議会(社保協)などです。問題なのは、これが増やされたのはむしろ政府の発意によるもので、民間人が権力者に「圧力」をかけるというより権力者が民間人を「取り込む」仕組みとして取り沙汰されていることです。「在野の賢者」に聞くという建前でお上が民を支配するという本質に目くらましをするという手立ては昔からありましたが、報道機関や学者などにあるいは肩書きを、あるいは実入りを与えることで提灯持ちに、少なくともおとなしく「健全な」ものにしているのではないかという疑惑です。近頃問題になったものとしては、「規制改革・民間開放推進会議」の議長を務めた**宮内義彦**氏（オリックス・オーナー）です。これは小泉首相の「構造改革」の司令塔の一つとされた諮問機関で、看板どおり多くの「規制改革・民間開放」を答申しましたが、その恩恵に大いにあずかった一つがオリックスなので、天下国家のための指南役のような顔で自腹を肥やしたと非難されました。（ちなみに宮内氏は村上ファンドの黒幕としても名前が出ました。また「かんぽの宿」払い下げでも疑わしいやり方で稼ぎを得たことが二〇〇九年、鳩山邦夫総務相の指摘で明らかになりました。）

## 4　圧力の由来

圧力団体の「力」はどこから来るのでしょうか。第一は数です。政治家が「圧力」を受け入れるのは、建前上はそれが「正論」であり「国益」だからとされますが、本音ではその内容がその政党や政治家の政策と合致するときです。しかしそれだけでもなく、票として見返りが期待されるからです。と言うことは、会員数が多いほど、また「集票力」が大きいほど、その団体の「圧力」は大きいということです。民主主義とは数だ、というのは一面の真理ではあるので、このこと自体は悪いとは言えません。しかしまた「圧力団体」はしばしば支援団体として資金源でもあります。ここでは賄賂などは度外視して合法的な「政治献金」だけを問題にしても、ここからはその「集金力」に応じて「圧力」が大きくなりやすい、と言えます。ところで民主主義とは金である、とは言えないので、ここには圧力団体の弊害が生じます。政治資金論のところで述べました（第四章参照）が、企業・団体の政治献金を禁止することが、最も明快な解決策です。では官僚の場合はどうか。「圧力」を受け入れることが当然の場合、憲法や法律、政府全体の方針や国民全体の利益に反しない場合は、問題ありません。問題ある場合、選挙とは無関係の官僚がなぜ馴れ合うのか。（ここでも非合法の賄賂は度外視しますが、）大きいのは**天下り**の問題です。こうして「監督官庁」と特定業界との癒着（不適切な結びつき）が生まれると政治が歪められてしまいます。（天下りの問題は一言では処理できないので、ここでは「それを何とかしなければならない」という指摘だけにとどめます。）

## 5　自民党の圧力団体

自民党の圧力団体として重要なものを挙げてみます。

まずは経済団体連合会（**経団連**）です。二〇〇二年に日経連と統合しました。一三三五企業を含む一六五八団体が会員となっている組織で、日本の財界の総本山です。会長は二〇一〇年から住友化学の**米倉弘昌**氏です。二〇〇四年に政治献金のとりまとめを復活したことは「政治資金論」（第四章）で述べました。その際作り始めた政策評価（いわば政党への「通信簿」）を見れば、「圧力」の中身がわかります。重要なところでは、法人税の引き下げ、消費税の「見直し」、医療費の抑制、雇用の規制緩和、原子力の推進、環境税の不採用、愛国心教育の充実、学校選択制の拡大、道州制の導入、農業の「構造改革」、憲法改定、恒久的派兵法の制定、などです。財界の要求としてわかりやすいものもありますが、なぜそれなのか、政治学研究のよい勉強課題になりそうなものもあります。最近の評価でみると厳しい評価なのは雇用関係で、自民党がC、民主党がDとなっています。（二〇〇九年の政権交替をうけて評価を中止。）中小企業関係では**日本商工会議所**があります。話題の多いところでは**日本医師会**などがあります。準業界団体とも言い得るのは、**日本遺族会**でしょうか。これは恩給がからむ限りでは利益集団ですが、旧軍首脳の力が強いという意味で思想集団でもあり、戦前支配層の流れを汲む自民党と結びつきます。戦争の犠牲者への補償ならばどの党も認める国益です（現実には「上に厚く下に薄い」ものでこうした配分をめぐっては無論対立はあり得る）が、皇国史観や靖国イデオロギーに強く染まっています。小泉純一郎氏が二〇〇一年の総裁選で「靖国参拝」を公約し（二〇年前に中曽根氏が一度行って批判を浴びた首相としての参拝を）強行したのは、主に遺族会の支持を得るためでした（。彼自身に靖国への強い信念があったとは思われません）。ただ古賀誠会長（自民党代議士）がA級戦犯の分祀を主張しているように、強硬な靖国派とは距離をおく流れもみられます。このように大枠としてある団体がある政党の系列であっても、すべての会員がすべての党員を支えているとは限りません。この点で逆に自民党の靖国派と強い関係があるのは、思想集団の性格が強く、この会の「国会議員懇談会」も持つ「**日本会議**」です（九七年結成）。麻生太郎、安倍晋三、中川昭一（二〇〇九年没）、高市早苗、元民主党の西村信吾などの諸氏がつながりの強い政治家です。

## 6　民主党の圧力団体

民主党はどうか。前節で述べた経団連の問題もありますが、最大の圧力団体は**連合**です。連合は労働組合の全国組織として最大のものです。労働法制は小泉改革による格差の拡大との関係で、現在国政の大きな争点の一つです。偽装派遣や日雇い派遣、偽装管理職問題などで巻き返したい労組側と、更なる規制緩和を求める経営側との間で、まさに圧力の掛け合いが展開されています。民主党と労組との関係で言えば、一つの問題は、組織率の低下によって労組の力が落ちていることです。もう一つは逆に「労組依存」が批判されることで、これは民主党内の保守派からと、逆の市民運動派とから出されます。小沢一郎幹事長は前者のほうで、経団連をはじめとする資本家団体や農業団体など、従来自民党の支持勢力も積極的にとりこもうとしています。一定の成功を収めているものの、その手法が従来の「ばらまき形」になる限り、壁も予想されます。小沢氏がもともと良くも悪くも「ばらまき形」の典型であった田中角栄の弟子であることからすると、民主党の長期ビジョンには不透明感があります。二〇〇九年の西松建設からの献金問題ではまさにそれが出ました。

## 7　公明党の圧力団体

公明党の最大の圧力団体は、相当の政治音痴でも知っているとおり、**創価学会**です。日蓮宗系の信者団体で、宗教法人として登録されています。もともと日蓮は政治的で国家主義的な宗教家で、そのアグレッシブな布教スタイルはこの団体にも受け継がれています。これを母体にして作られたのが公明党ですから、「圧力団体」という以上の関係であり、きわめて強い支持組織ですが、そこに問題もあります。「王仏冥合」という思想からはじめ国立戒壇の設置を掲げた(のち撤回)など、政教分離の原則に反するという批判を常に受けます。言論妨害事件などを機に(第五章)公式には政教分離を方針としますが、「信心」を利用して政治活動を行なわされるとか、宗教法人の施設が選挙中は政治利用されているとかの批判が絶えず、学会員以外の支持者を増やす妨げになっている側面を否めません。一九九三年夏、「非自民・反共産」をくくりに細川護熙連立内閣が成立することになりました。その閣僚が発表される前に、創価学会の**池田大作**名誉会長が会員向けの講演で、公明党から四名が入閣すると言い、その名前と地位も公言し、その通りになりました。おまけにその四人の「デージン」は「創価学会員の部下だ」とも言いました。

## 8　戦後の大衆運動

大衆運動は、今日では多くは「市民運動」と呼ばれます。ただし「市民」という語は、自民党を含め保守層にはあまり好まれません。私がこの語を用いないのは、この意味で中立的な表現にしたいということもありますが、それ以上に、「市民」という語が持つ曖昧さや誤解の余地を避けたいからです。勿論、保守層は用語だけでなくその運動そのものに好意的でありませんが、それというのも大衆運動は事柄の本性からして、権力に対する批判の動きとして、また批判派の動きとしてあることが多いからです。しかし圧力団体のところで言ったように、民主主義は、議会を主とする場合においても、議員さんにすべてお任せするというものではなく、特定の論点や新しい問題に直接の意思表示をすることは、健全なことです。ただし合法的な政権交替や批判の自由が許されている限りでは、この運動は過激な武力蜂起やクーデターに導くようなものであってはならず、法に則った平和的なものである必要があります。なおここでは労働運動・農民運動・学生運動はとりあげないことにします。

終戦直後のものを除けば、戦後日本の大衆運動としてまず目立ったものは、平和運動、特に**反核運動**でした。その理由は、①わが国が空襲などで多くの被害を受け、特に世界最初の被爆国として平和を強く望む気持ちが広がったこと、②にもかかわらず世界は核開発競争を続け、アメリカ政府はそれを使うことも考慮し、また日本政府も反核や世界平和に積極的と思われないこと、です。特に一九五四年、アメリカによるビキニ環礁での水爆実験により日本人が被爆（うち第五福竜丸の久保山氏死亡）したことにより、原水爆禁止運動が生まれました。組織の分裂などの困難もありながら、あるいは科学者の運動と、あるいは住民運動や文化運動などとも結びつきながら、多彩で次第に国際的な運動として続いています。これを底流として、ヴェトナム戦争の時には**反戦運動**が盛んになりました。特にべ平連（ベトナムに平和を連合、呼びかけ人：小田実・鶴見俊輔）は自由な組織原理の探求という意味でも注目を集めました。

平和運動は一九七〇年代に一つの転機を迎えたようです。それまでは主に戦争の「被害者」としての立場で行われてきましたが、日本が国としては「加害者」でもあるという意識が出てきたことです。一九七二年日中国交回復、一九七八年日中平和友好条約などによって、アジア諸国との交流が進んだことなどが背景にあるでしょう。これは運動としては当然の進化と思われますが、反動として、八〇年代以降の、「自虐史観」「東京裁判史観」攻撃を生み出すことにつながっていきます。

次に注目されるのは主婦と消費者の運動です。平和運動が、その動機や目的においては大多数の同感を得ながらも、国際政治の動向や諸々の党派の思惑などにからんで時に一般人がついていけなくなったのに対して、こちらは地味ながら着実な成果を得たといえるでしょう。

より新しい形態のものとしては、環境運動と反原発運動があります。もっとも戦前からあることはあるので、田中正造を指導者とする渡良瀬川流域の足尾鉱毒事件での大規模な闘争などは明治期の公害問題として重要です。しかし公害が大きな社会問題になったのは六〇年代の高度経済成長によるもので、七〇年前後の四大公害病訴訟などが一つの山になりました。これらにおける大衆運動などは、革新政党や革新自治体による努力、行政側の一部（たとえば田尻宗昭氏）の努力などとあいまって、環境基本法の制定、環境庁の設置などを通じて、一定の成果を挙げました。しかし利潤のために違法に、あるいは形式上合法でも実質的に環境を悪化させる行為を行う企業がなくなったわけではなく、またそれを規制ないし処罰すべき行政当局が「開発優先」に流れるならば、その歯止めとなるのはあいかわらず大衆運動でしょう。現にそれは今も続いており、著者の近くで言えば圏央道（特に高尾トンネル）や第二湾岸道（特に三番瀬）設置をめぐって続いています。環境運動の中でも新しいのは、反原発運動です。これは一切の原子力エネルギーの利用に反対する原理主義的な考えから来るものと、現実の原発が持っている諸問題から来るものがあります。この諸問題というのは、①稼動中の事故防止などで安全性が保証されていない、②放射性廃棄物の処理などが不十分で「トイレのないマンション」である、③それらを合わせて考慮すると必ずしも低コストとは言えない、などです。アメリカのスリーマイル島、旧ソ連のチェルノブイリ、日本での数多くの事故などで不安が広まり、また当事者（電力会社、公団、政府）などの管理体制のずさんさなども不信の源です。

## 9　近年の大衆運動

注目されるものとしては、「新しい歴史教科書をつくる会」と「9条の会」が挙げられます。従来の図式から言えば、右派と革新派との政治的運動とみなされましょうが、それだけでは把握できない特徴があります。

教科書問題と言えば七〇年代までは、文部省の検定に対して革新派が抗議する、という図式でした。しかし日本の侵略を認める見解に対して、以前から右翼は「東京裁判史観」などと攻撃していました。しかし八〇年代頃から、特に中国・韓国との関係で文部省が日本の「侵略」の記述を認めるようになると、検定済み教科書に対しても「自虐的」など「右から」の批判が目立ってきました。そして彼等の史観による教科書をつくりこれを採用させようという目的で一九九七年につくられたのが**「新しい歴史教科書をつくる会」**です。政府の戦争責任を認めた「村山談話」(第七章第一節)や、従軍慰安婦への軍の関与を認めた「河野見解」などが、彼等の危機意識を高めたようです。初代会長は右翼文化人のニーチェ研究家として著名な西尾幹二氏ですが、従来の右派人脈とは異なるところから出てきた藤岡信勝氏(二〇〇七年に会長)などが中心となり、八木秀次氏、中西輝政氏など右派政治家とのつながりが強い学者や、若者に人気の漫画家小林よしのり氏(HIV訴訟などへの関与により、彼も藤岡氏同様はじめは左派と思われていた)なども加わりました。しかしその教科書(はじめ扶桑社から出版)の採択率は一%に及ばず、失敗に終わりました。彼等は日教組や左翼の妨害のせいにしましたが的外れでしょう。現在の教育界に左翼や日教組(確かにこの教科書に反対しましたが)の力はもはや大きくなく、また問題になった中学教科書の採択権は教員でなく教育委員会(むしろ保守系が強い)にあります。不採択の主因は、学問的に杜撰であることや政治的な偏り(戦前の皇国史観に近い)のためでしょう。近年は「つくる会」の内紛から分裂、そして訴訟を含む争いも起こり、発展しているとは言えません。しかし産経新聞(扶桑社の親会社)などのキャンペーンもあり、人脈でつながる安倍・麻生という首相の誕生もあり、(ヨーロッパでは「歴史修正主義」として批判が強いものと類似の彼等の)「自虐」批判は一定の成功をおさめています。また、始めから戦前の思想を持ち続けたオールド保守主義者と、戦後の改革や思想を、あるいはアメリカ占領軍によるあるいは中韓政府の「愛国教育」による洗脳だとする宣伝に動かされる若者と、両者を含めた国民的広がりをもっていることが注目されます。「つくる会」の末端支部などでは、こうした草の根国家主義の動きが見られます。

他方、**「9条の会」**は、こうした政治的右傾化・軍国化、特に第九条を標的にした改憲の動きに対して、二〇〇四年に結成されました。九人の呼びかけ人によりますが、大江健三郎・加藤周一（二〇〇九年没）・井上ひさしら「進歩派」「反体制派」として著名な人ばかりではないことが目を引きます。たとえば、反近代の思想家梅原猛氏や、三木武夫首相の妻睦子氏などです。そして「左翼」や「インテリ」だけでない幅広い運動になったことも「つくる会」と同様で、五〇〇〇以上の地域組織が生まれました。そこでは呼びかけ人らの講演のほか、戦争体験を語る会や憲法の学習会など多彩な活動が行われており、いわば草の根平和主義の再構築が見られます。これが、国政とどうつながるのか（国政選挙で「護憲」は必ずしも焦点にならず、自公民の改憲派が多数を占める）、旧来の平和運動の弱点であった情緒主義をどう乗り越えるのか（北朝鮮の「脅威」などを叫ぶ改憲派にどう論理的にうちかつのか）、が今後注目されるところでしょう。

最後に拉致被害家族と支援者との運動があります。家族に同情し、もし拉致されたままの者がまだいるならその帰国を願うのは、万人の思いでしょう。ただその方法として強硬論一本槍であるのは有効なのでしょうか。特に国際的理解と支持を得るには、日本による強制連行の被害者との連帯のような大きな視野と戦略を持つことなどは考えられないのでしょうか。

# 第七章　世紀末日本の政治過程

## 第一節　細川・羽田・村山の時代

一九九三年の夏、**「非自民」の細川政権**が誕生して、日本の政治が大きく変わると思った人が少なくなかった。ここに始まり、羽田・村山と続いた非自民首班の政権はいったい何であったのか。

きっかけは一九九二年夏、いつもながらの自民党の金権スキャンダルであるが、金丸信副総裁が佐川急便問題で追い詰められ、(ここで青島幸男が久しぶりに活躍したことが後に都知事選で当選する伏線になった。)八月に副総裁を辞任、十月に議員を辞職した。残る問題は最大派閥竹下派の会長の後任であった。小沢一郎は羽田孜を推したが敗れ、小渕恵三が後目を継ぐ。そこで小沢は竹下派を脱けて盟友たちとともに羽田派を結成したが、その大義名分としたのが実に「政治改革」であった。「政治改革」について考え語る際にまず忘れてはならないのがこのことである。これはまさに小沢らしい戦術であった。なぜなら田中角栄以来の金権体質と言われるこの派閥の中でもとりわけ金権的と言われてきたのが小沢で、金丸・

竹下と合わせて「金竹小（コンチクショウ）」とくくられ叩かれていたからである。金権政治が世間から批判されると、それを「改革」するという宣伝で、かえって自分たちが権力をにぎるためのきっかけに逆用したのである。

## 一　細川内閣

一九九三年六月、宮沢喜一内閣への不信任決議案が可決された。自民のうち羽田派ら三九名が賛成票を投じたことが決め手となった。宮沢首相は解散で応じた。**新党さきがけ**（自民党を離党した武村正義ら一〇名）と**新生党**（羽田派ら四四名）がただちに結成された。なお自民を離党した**細川護熙**らが前年五月に**日本新党**を結成していた。

七月一八日投票の**総選挙**の結果は、自民二二三、社会七〇、新生五五、公明五一、日本新党三五、共産一五、民社一五、さきがけ一三、社民連四、無所属三〇、であった。自民党は一議席の増である。社会党は解散前の一三六を半分近くに減らし、その分が保守系の諸新党がとったことになる。つまり①諸新党は自民に打撃を与えておらず、自民支持者はなんら態度を変えていない。②諸新党に投じた人の多くは今まで社会党に期待していた人だということである。――これは保守勢力の大勝利であった。自らに大きな失策があり批判を招いたときには、その一部が「改革派」を名乗ることによって、多数の支持が革新勢力につくことを防ぐ戦術であり、これはロッキード事件後の「新自由クラブ」によっても実行され成功したものであった。

マスコミはこの流れに棹差した。テレビ朝日が椿局長以下、小沢らを「改革派」としてもちあげ、彼らの政権ができるような方向で誘導的な「報道」を行ったことなどは、際立っていた（第五章参照）。

さて自民党は単独多数には達せず、政権をめぐる各党の動きとなる。しかけたのは小沢であった。第一の問題は首相に誰をかつぐかである。新生党の党首は羽田だが、自民を離れたばかりの羽田ではイメージ的に新しさがない。しかし社会・公明・民主からの首相では保守派がついてこない。そこで日本新党の細川を立てることにした。第二は政策合意である。七月二九日、非自民・非共産の八党派は、「連立政権樹立に関する合意事項」を発表した。「政治改革」が最大の売り物であり、「外交、防衛など国の基本政策はこれまでの政策を継承する」とされた。

一九九三年八月六日、国会の首相指名選挙で、細川が自民党の新総裁になった**河野洋平**を破って、首相に指名された。与党と入閣者数は次の通りである。社会党（山花貞夫政治改革担当大臣ら六名）・新生党（羽田副総理兼外相ら五名）・公明党（石田幸四郎総務長官ら三名）・さきがけ（武村官房長官）・民社党（一名）・社民連（一名）・民間二名。

新政権の最大にしてほとんど唯一の目玉として小沢らが唱えていた「政治改革」とは、「選挙制度の変更」などに矮小化された上に、それも小選挙区制をめざすものであった。自民がはじめからもくろんでいたもので、特に鳩山一郎内閣と田中角栄内閣のときに具体的に動いたが、党利党略として国民の批判を浴び、挫折していた（第一章参照）。社会党は従来、小選挙区制は議会制民主主義の否定につながるという立場から反対で、仮に妥協するとしても小選挙区比例代表併用制までだった。ところが新生党・日本新党などとの連立政権を成立させるためにこれを放棄し、小選挙区比例代表並立制を受け入れたのである。

ここで社会党の選択をどう考えるか？――おそらく当時の社会党中央も新生党などをそういいものと思ってはいなかった。それでも小沢らに乗った理由は二つ考えられる。一つは、めったにない政権参加の機会を逃すべきでない、ということであろう。社会党らしいことなどほとんどできまいことはわかっていても、この機会を見送れば、「あいもかわらぬ社会党の硬直ぶり、現実性のなさで棚から落ちた牡丹餅さえ食べようとしない、批判ばかりに安住して責任政党に脱皮する気力さえない」などと集中砲火を浴びることは誰の目にも明らかだったからである。それでも、ここで社会党は歯をくいしばって、いや、自民党より悪い新生党などとはいっしょになれない、と言い続ける選択肢はなかったのか。――そうしたらどうなったか？　いちおう第一党の自民党が少数与党政権を組むだろう。新生党はまさかこれと連立して、いままでの批判は何だったのかと罵声を浴びるようなへまはしないと思うが、自民・新生とも舵取が難しい。両者のこぜりあいを眺めつつ党勢回復を図るという選択も、社会党にはあったかもしれない。

ではなぜそうできなかったのか。一〇年も二〇年も社会党が言われ続けてきたのは、もっと「現実的」になれ、ということであった。特に、反対者からの批判としてよりも、好意や期待をこめた提言であるかのような装いで常にそう言われてきた。これにちゃんと（そんなに「現実」がいいなら自民党を支持すればいい、などと）反撃しないできた結果、ボディーブロウのように効いて、自民党過半数割れのこの期に及んでも筋を貫こうとしたらもう身がもたない、とおびえたのではないか。またそもそも、一九八〇年の公明党との協定以後は、党員の中にも、社会党の当初の志が薄れ、自民とたいして変わらない党になっても、ただもう「政権交代可能な二大政党」づくりを目的にするような人が増えてきたからでもあろう。またこの連立政権樹立の際に、社会党は党首**土井たか子**を衆議院議長にした。「祭り上げ」られてしまったのである。これは政治戦術としては名を取って実を捨てたことになった。

ともあれ、細川内閣が成立した。連立八会派の「共通の目標は、唯一、内閣発足前の自民党一党支配打倒であったから、それが達成されたのちは、あらゆる政策分野で合意を得ることは難しくなった」(草野厚『連立政権』文春新書、一九九九、五六頁)。

九月、ゼネコン汚職が表面化した。

十二月、政府はコメの輸入自由化の方針を決定した。細川政権も対米従属的外交を引き継いだ。「3K赤字」批判など、コメの市場化と自由貿易化はずっと自民党がやりたかった(しかし農民の抵抗などでできなかった)ことだが、(3Kの第一の国鉄は既に中曽根政権が崩していた、)「非自民」の細川政権が実行した。日本の農業、食料主権、国土環境、そしてこれらに基づく精神的カルチャーの問題など、重要な「国是」の転換を、細川政権は行ったことになる。

一九九四年一月二一日、参議院本会議は「政治改革関連法案」を否決し(社会党の中では一七名があえて反対した)、廃案の可能性も生まれた。しかし両院協議会を経て、八日、小選挙区比例代表並立制へ変更する法律が成立した。この間の経緯について、土井たか子衆議院議長はだいぶたってから、自分ははめられたと言い訳した。今頃そんなことを愚痴るなら、このとき議長を抗議の辞職をすれば、少しは国民に考えさせたはずであろうが。選挙区制とともに、政治資金規正法も改正された。いわば公認の賄賂である企業・団体献金の規制はまったくのザルで、「クリーンな政治」など実現しなかったことは今日では明らかだが、しかもその規制の見返りに「政党交付金」として税金から資金を提供するという仕組みをつくったものである（第四章参照）。

二月三日、細川首相が深夜の記者会見を行い、3%の消費税を「国民福祉税」と名を変えて「腰だめで」7%に上げる構想を発表した。これは斉藤次郎大蔵次官と結びついた小沢の方針であった。しかし「女房役」と言われる官房長官の武村は聞いていないとして反発し、もともと消費税そのものに反対の社会党委員長村山富市も聞いていないとして、この構想は挫折した。細川は武村の更迭を含む内閣改造を考えたが、社会党・さきがけの賛成を得られず頓挫した。

こうして連立与党の内部の不一致が大きく表面化してきた。特に官房長官武村正義と新生党代表幹事小沢一郎との対立が激しくなった。また村山も武村同様、政権運営が独断専行だとして小沢と公明党書記長市川雄一によるいわゆる「一・一ライン」への批判を強めていた。

好機とみた自民党は、佐川から細川への献金疑惑を執拗に追及した。

四月四日、小沢は側近の平野貞夫に細川辞任後の準備を命じた。八日、細川首相は辞任の記者会見を行ったが、武村長官は直前の与党代表者会議で辞意をはじめて聞いて呆然とした。細川が辞職の理由としてあげた多くは、かねて悩まされていた金銭スキャンダルにまつわるものであった。佐川急便グループからの一億円の借り入れも義父に渡ったNTT株も基本的に問題はないが、それとは別に、個人の資産運用についての法的問題が明らかとなったので、道義的責任を負わなければならないというのである。無論これは表向きの説明に過ぎない。最大の原因と考えられるのは、細川の意欲が萎えたのを機に、消費税問題で連立の組み替えをしたほうがよいと考えた小沢の意向であろう（草野厚『連立政権』、二六頁）。

細川政権は、①四五年ぶりに自民（前身を含む）を政権から降ろしたが、その基本はそのまま受け継いだ、②むしろ、小選挙区制やコメ自由化等、自民政権がやりたくてできなかった政策をどんどん実行した、③その結果およびそのあっけない崩壊は、（期待が大きかっただけに）国民の自民への不信を政治への不信に変えた。

## 二　羽田内閣

小沢は武村後の政権として、自民党の**渡辺美智雄**をかついでそのグループを入れ、逆に社会党とさきがけを切るという組み替えを考えていた。しかし渡辺は自民離脱に踏み切らなかった。また社会党も連合の山岸会長らの意向を汲み、連立与党からの離脱には踏み切らなかった。四月二二日、そこで連立与党の首相候補に新生党党首**羽田孜**が決まり、二五日の国会で首相に指名された。

ところがその後、新生党・日本新党・民社党などが統一会派「改新」を結成、これに対し社会党が連立離脱を決めた。「小沢のコントロールがちらちらする。つまり、数合わせのため社会党も仲間に入れつつ（それで首相指名選挙には勝っておいて）、次の瞬間、社会党抜きで力を合わせる会をつくったのである。

大臣の椅子がほしいから社会党も文句は言うまい、という読みであったのかどうか。〔…〕村山委員長は〔…〕バカにするな、と怒ったのだ」（清水義範『もうなつかしい平成の年表』講談社、二〇〇〇、一六九頁）。この結果、羽田内閣は衆院で二〇〇を大きく下まわる少数連立政権として成立した。

自民党としてはまきかえしの好機である。このとき活躍したのが、**野中広務**であった。野中は革新府政が長期続いていた京都で野党議員として鍛えられ、青年団時代から親交のある竹下登が首相になる頃から中央政界でも重きをなしてきていた。彼は社会党と手を組むという、それまでの自民党では思いもよらない策をしかけ、政権奪取を図り、六月、不信任決議案を提出した。二五日、羽田首相は総辞職を表明。

六月二七日、松本サリン事件起こり、死者七名。二八日、カーター米元大統領の活躍で北朝鮮が核開発凍結に合意。

## 三　村山内閣

一九九四年六月二九日、国会で**村山富市**社会党委員長が首相に指名された。「首相をひきうけた村山自身、自民党との連立にはもちろん抵抗はあった。しかし細川政権時代の小沢一郎、市川雄一らの民主主義否定の権力支配政治には、請われても協力できない、自民党のほうがまだましだと考えていた」（村山富市『そうじゃのう…』、草野厚、前掲書、五六頁より）。この際、自民・社会・さきがけによる「新しい連立政権の樹立に関する合意事項」が発表された。政策内容だけでなく、「一・一ライン」に対する批判を込め、「政策決定の民主性、公開性を確保」することがもりこまれた。

この社会党の決定をどう考えるか。世間の多くの人が、かつて新生党と組んだときには歓迎したが、今度自民との連立には非難した。無節操でわかりにくくみえたのであろう。しかし、一番悪いのは新生党などだとわかったから、その政権を倒すためにより小さな悪である自民党と妥協するのは、条件次第では許せることだ、というのが当事者の思いであったのだが、それはなかなか伝わらなかった。しかもその後の対応で無節操を裏づけるような場面が続いた。

一九九四年七月、所信表明演説に対する各党質問に対して、村山首相は次のように答えた。「今後とも、日米安保条約及び関連取り決め上の義務を履行していく」。「自衛隊は、憲法の認めるものであると認識する」。「日の丸が国旗、君が代が国歌であるとの認識が国民の間に定着しており、私自身もそのことを尊重してまいりたい」。自民の基本を丸のみしたわけである。

九月の社会党大会でもこの方針が示された。非武装・中立・非同盟は歴史的役割を終わったとし、日米安保条約は当面「堅持」するとした。また二年前に「牛歩戦術で、廃案を狙った国際平和協力法に基づく平和維持活動に積極的に参加するというのである。法案に反対した社会党議員も、また支持者もこの方針の転換にとまどいを覚えなかったといえば嘘になろう」(草野厚、前掲書、一一六頁)。

これについて、連立政権を保つ以上は妥協して足並みを揃えることは必要という弁護もあるかもしれない。しかし党が最終目的とする方針と内閣が当面実行を図る政策が異なることは、自民政権でも稀ではない。「自主憲法制定」は自民の党是であるが、たいていの自民内閣は「当面は改憲をめざしていない」

とし、将来的には増税が必要と暗に認めても「現内閣では増税しない」などと言う。社会党も、〝党としては日米安保の解消をめざすが、この連立内閣では合意したことだけを実行し、既存の条約は守る。〟〝党としては「自衛隊」は違憲との認識だが、その点で他の与党と一致していないのでこの内閣では、隊の解散などはしない。〟などと説明できたはずである。合意事項をやりとげたりまたは任期切れになったら、より自党に有利な条件で再連立を提案し、もしそれに自民などが乗らなければ、①単独で組閣する（少数与党なので現実的でない）、②野に下り、自民なり新生なりに政権を渡して再起を図る、③解散で国民の判断を問う、のどれかを選べばよい。

十一月、消費税を九七年四月から5％に引き上げることを決定。消費税そのものに大反対して「だめなものはだめ！」と叫んでいた社会党首班の内閣の大転換である。

十二月、「自社さ」政権に対するまきかえしをめざし、新生党・日本新党・公明党・民社党・新党みらいなどの合体による**新進党**が結成された。衆議院一七八、参議院三四名。

一九九五年一月、阪神淡路大震災の発生。死者五四三八名。

三月、地下鉄サリン事件。死者一二名。

四月、統一地方選挙。東京で青島幸男、大阪で横山ノックが当選。

七月、**参議院選挙**。自民党は微増。勝ったのが新進党で一九から四〇に躍進。負けたのが軌道修正した社会党で獲得議席わずか一六。これはどうしたことであろうか。「投票率が44％と過去最低であり、結果的に、創価学会など組織票のある新進党に有利になった。阪神淡路大震災、オウム事件でのリーダーシップ不足など、村山政権に対する不支持率の上昇、支持率の低下も選挙の結果に反映された」（草野厚、前掲書、五九頁）。

九月、自民党の総裁が河野から橋本龍太郎に変わった。

同月、沖縄で米軍兵士による少女強姦事件が起こった。戦後の日米関係を象徴するような事件だった。しかし対米従属路線に転じて「安保堅持」の村山内閣は、（安保条約に手をつけなくても可能な）日米地位協定の改定申し入れさえしなかった。すなわち十一月に政府は、大田沖縄県知事が代理署名を拒否していた米軍用地強制使用に、自ら代行署名する法的手続きを開始した。沖縄県民は、そして日本を独立国家の名に値するものにしたい人々には、社会党よおまえもか、というところであろう。

十二月、住専に対する六八五〇億円の公的資金の投入を閣議決定。銀行業界の脅しに屈した決定という批判もある。

同月、オウム真理教に破壊活動防止法の適用を決定。これにも批判はあり、結社の自由をゆるがす面がある。反対意見に対して、オウムの味方かというような魔女狩り的攻撃がなされた。江川紹子（ジャーナリスト）・竹内精一（上九一色村議）・河野義行（松本サリン事件被害者）といった体を張ってオウムと戦ってきた人々が、この決定が有用でなくむしろ有害であると主張したこともよく考える必要があったが、オウム批判の前にそうした大事な議論は消されてしまった。

それでも村山内閣には、細川内閣と比べて、社会党首班だからできたと思えるいくつかの業績がある。

① 「不戦決議」（一九九四年六月）「**戦後五十年首相談話**」などで日本政府として戦争責任をはっきり認め、

アジア諸国との平和友好姿勢を示したこと。②**被爆者援護法**の制定（一九九四年十二月）など、国内的にも戦争の被害者を国として救っていく姿勢をみせたこと。③ＨＩＶ訴訟で非を認めて和解（一九九五年十月）、水俣病補償問題での和解のとりまとめなど、大企業や行政によって被害を受けた人々を救済する措置を講じたこと、などである、

一九九六年一月、辞任を発表したが、国民は唐突の感を受けた。反対派から追い詰められるような状況ではなかったからである。結局、（参院選後にも辞めたかった）村山個人の気力が尽きたとしか言えないようだ。

辞意表明の記者会見直前の各党代表者会議で村山が要望したのは、次の首相は第一党である自民党の橋本龍太郎総裁にすること、強権的で宗教団体に支配されるような勢力（新進党）とは絶対に組んでほしくないこと、などであった。いずれにせよここで自民首班政権が復活した。

同一月、社会党は**社会民主党（社民党）**に改称した。

## 第二節　橋本・小渕・森の時代

### 一　橋本内閣

一九九六年一月一一日、**橋本龍太郎**内閣が発足した。細川・羽田・村山の非自民首班内閣から宮沢以

来の自民首班に戻ったことになる。ただし自民・社会（同月から社民）・さきがけによる連立内閣であることは前の村山内閣と同様である。

「橋龍」とも呼ばれた橋本新首相は、国民におおむね好感を持たれていた。慶応出身で五八歳。男前でスポーツマンタイプ（剣道を得意とした）なので、主婦層などには「龍さま」と呼ぶファンもいた。

三月、**菅直人**厚生大臣が血友病患者に国の責任を認め謝罪した。これによって東京**HIV訴訟**が和解した。これは国民の支持を得、この内閣が「帰ってきた自民党首班」であっても連立政権として国民目線で改革を続けそうだという印象を与えた。菅直人は市民運動出身の政治家（さきがけ）であり、そのような人材が政府に入って官僚を国民のために動かすことができる、という実感を与えた出来事でもあった。しかしこの菅厚相は七月に大阪府堺市でおこった集団食中毒事件ではうまく対処できず、「カイワレ大臣」などと揶揄されることにもなった。死者三人を出したこの中毒の原因は後に病原性大腸菌のO157とわかったが、これは政治よりも、殺菌社会における新たな病原体の出現とその対策という社会史的な重要性を持つ事件であったろう。

九六年前半の国会は「住専国会」と言われた。バブル崩壊で地価が下落し、住宅融資を行う七社が破綻していた。その拡大は都市銀行に及びその危機は金融システム全体の破局になるとして救済が求められた。しかし野党は国民に犠牲を転嫁する形で銀行などを救うものとして強く反対し、新進党は国会内に座り込むなどのパフォーマンスも行ったが、六月に**住専処理法**が成立し、六八五〇億円の国費を投入することになった。濡れ衣で悪者にされた農協と負担を押し付けられた一般国民が損をし、住専の親会社で最も責任あるはずの銀行が救われた。

九月、**民主党**結成。**鳩山由紀夫**（さきがけ代表幹事）・邦夫（新進党）の兄弟・菅直人・岡崎トミ子（社民）が呼びかけ人。邦夫が村山富市・武村正義らの参加を拒否する「排除の論理」を唱え、由紀夫もこれに同調してできた。

十月三〇日、**総選挙**が行われた。自民二三九（一八増）、新進党一五六（四減）、民主五二、共産二六、社民一五で第二次橋本政権が発足した。連立は解消され、勢力低下の社民・さきがけは閣外協力になった。

総選挙で勝利し、社・さの協力は受けながらも単独政権となったこと、またバブル崩壊が一段落し景気持ち直しの兆しが出たことなどから、橋本首相は自信を持ち、なさざるを得ないことからなしたいことをより志向するようになったように思われる。そしてその第一は「財政再建」である。

九七年四月、消費税率を5％に引き上げた。村山内閣で予定されていたことではあるが、庶民の日々の生活に響くこの政策の断行によって支持率をだいぶ減らした。また実際「消費マインドを冷やす」ことによって、上向きかけていた景気を抑える働きをした。

四月、諫早湾の潮受け堤防を締め切る。これは環境よりもゼネコンと組んで開発を進める旧来型の自民党政治への復活を印象づけた。締め切り場面の映像はショッキングで、巨大ギロチンと呼ばれた。

六月、約二兆円の特別減税を打ち切った。また九月、医療費の本人負担を二割に引き上げた。一般庶民には景気回復が実感されないうちのこれらの政策は、現在の負担増になっただけでなく、将来への大きな不安を与えることになった。消費税も導入の際、「広く薄く」という政府の建前の裏に「小さく生んで大きく育てる」意図を感じた国民に不評であったが、これらの負担が今後もさらに増えるのではないかと世相を暗くするとともに、「財布の紐を締める」ようになった。経済学ではリスク・プレミアムというが、実際医療費負担は小泉内閣で三割になり、消費税を上げる話も絶えず出ており、杞憂ではない。財政再建自体は反対しにくい。しかしその手法やタイミングとなると別である。イデオロギーもかかわり「正解」はないかもしれないが、少なくとも結果から見る限り、橋本政権の政策は失敗であった。十二月に成立した介護保険法（二〇〇〇年四月施行）もこの流れに位置づけられる。

政治不安に社会不安が重なる。神戸でおこった小学生殺害事件は、残忍な手口や、警察への挑戦状などで異様であったが、六月、男子中学生が犯人として逮捕されることで衝撃は増した。九五年のオウム事件や阪神・淡路大震災以来高まった「世紀末」気分を政治の動きは助長するようであった。

そうした人心をよそに九月、自民は衆院で過半数を復活させたが、これは選挙によるのでなく、総選挙で勝てなかった新進党や無所属議員の「一本釣り」の積み重ね計一二人による。当選後の会派移動は、国民の政治不信を強めるものであったが、政府はむしろ意を強くしたのか九月一一日、内閣改造を行った。ここでは、ロッキード事件で有罪判決を受けた佐藤孝行議員が総務庁長官で入閣したことが最も話題となった。人のうわさも何とやらと侮っていたようだが、世論の批判が強く二二日に辞任を余儀なくされた。この辺が橋本政権の潮目で、以後は反感のほうが多くなったように感じられる。同じく九月、日米新ガイドラインで両政府合意という外交上の重要問題もあるが、大激動は経済から来た。タイで始まった通貨危機が、グローバリゼーションによって世界に波及しつつあった。橋本内閣は「**金融ビッグ**

**バン**」を唱えてグローバル化に棹差したが、外からの危機を防げず、内からも危機を醸成していた。十一月一七日、北海道拓殖銀行が破綻した。都市銀行としては戦後初の出来事である。また同月二四日、山一證券が廃業した。この**拓銀・山一ショック**はまさに激震で、金融上の意味だけでなく戦後日本経済の「信用」を崩壊させた。

非常事態の中で、橋本内閣は迷走した。十二月、財政構造改革法が成立、二〇〇三年度までに赤字国債発行をゼロにする目標を立て、生活関連予算を削減した。年末の補正予算では景気対策、九八年度予算案では緊縮型と、「アクセルとブレーキをともに踏む」と批判された。

十二月には京都議定書が調印。自国で行われた重要会議だが、議長国日本は指導性を発揮できたとは言えない。

十二月二七日に新進党が解党、小沢一郎の自由党など六つに割れた。

一九九八年二月、金融安定化二法が自・社・さの賛成で成立した。銀行救済で三〇兆円の公的資金を投入するものである。その際、特定の銀行が申請すれば不良銀行とされ不利となるというので、最も優良とされる東京三菱銀行の主導で二一銀行がそろって資金注入を受けることにした。そこには秋に破綻する長銀（三兆五〇〇〇億投入）・日債銀（三兆二〇〇〇億投入）も含まれていることからも内容の妥当性はおおいに疑われるが、そこには知的不誠実だけでなく道徳的腐敗もからんでいた。すなわち金融機関からの過剰接待で大蔵官僚が、また四月に新法が施行された日銀の幹部が逮捕された。かつて大蔵官僚（結局一一二人が処分）や銀行の「偉いさん」と言えばエリート中のエリートとみなされていたが、彼等が「ノーパンしゃぶしゃぶ」なるもので馴れ合っていたという実態は、経済の立ち直りだけでなく一般国民の道徳観もなえさせた。銀行はこの資金を返済するまでは税を免ぜられ、超低金利で預金者からもむしりとった。

一九九七年度の経済成長率はそれまでで戦後最悪のマイナス〇・七％であった。

四月、**民主党**が他会派を吸収して衆院九三・参院三八の勢力で再結成された。代表は菅直人、幹事長に羽田孜、幹事長代理が鳩山由紀夫。

七月、**参院選**。選挙前に社会・さきがけの協力が解消され単独政権となっていた自民は四四議席（一六減）で大敗した。増税批判を浴びた橋本が突如大型減税を打ち出したのも、ぶれているとうつって逆効果であった。民主は二七、共産は一五でそれぞれ躍進。橋本首相は辞意を表明した。

一九九七年に訪米した橋本は、米国債を売りたいという誘惑に駆られたことがあったと発言し、一時米国株を下げさせることがあった。誘惑に負けず、逆に米国資本大喜びのビッグバンを敢行したという点では対米従属の自民政権の筋を貫いたというところか。行政改革の「省庁再編」はどんな効果があったかさっぱりわからず、経済政策はぶれまくった。

自民総裁選が行われ、梶山静六・小泉純一郎・小渕恵三の三人が立った。田中真紀子はこれを「軍人・変人・凡人の争い」であり、自民党のガレッジセールだと評した。勝ったのは「凡人」の小渕であった。

## 二　小渕内閣

七月三〇日、**小渕恵三**内閣が発足した。外国メディアからは「冷めたピザ」、日本国民からは「のんきなとーさん風」と言われた小渕は、はじめ人気がなかった。最大派閥の長として意外な登板ではないのだが、一般国民は竹下内閣の官房長官だった「平成おじさん」として以外には知らない、存在感の薄い政治家であった。しかし次第に思わぬ力を発揮していった。野中広務が官房長官について「影の総理」と呼ばれた（副長官は鈴木宗男）。蔵相には元首相の宮沢を引っ張り出し、経企庁長官には官僚出身で人気作家の堺屋太一を起用した。六兆円超の恒久減税など、景気対策を加速させた。

九月、日銀は、長銀の破綻とそれによる連鎖反応を心配し、政策金利を〇・五％から〇・二五％へ引き下げた。日本の金融不安が米経済に悪影響するというグリーンスパンＦＲＢ議長の発言も考慮したという。

十月、金融安定関連法、参院で少数の自民は民主党の案を「丸呑み」して成立させた。これに基づき政府は、同月、長期信用銀行の破綻を認定、一時国有化を決定、十二月に、日本債券信用銀行の一時国有化を決定した。

この「**金融国会**」において、金融危機を「政局にしない」という民主党の菅に、自由党の小沢は反感を抱いた。強引にでも権力闘争できないのなら自民党に帰ろうかという小沢の魚心を見逃さずに水心で誘ったのは、自民の野中であった。かつて「悪魔」と言い放った小沢に、「ひれ伏してもご協力いただきたいと頼む」と八月末に秘かに会って了解しあっていた。菅が女性スキャンダルで求心力を低下させていた十一月、自民・自由が合意し、九九年一月に**自自連立政権**が発足する。合意事項で衆院比例区の定数削減があったのは、小沢がもともと小選挙区論者であることによるが、公明党には脅威であった。そこで野中らは公明も取り込む作戦を本格化させた。取り込まれたい公明に大義名分を与えるべく、その要求で「地域振興券」七〇〇〇億円のばらまきを決め、国会でも地方でも自公協力体制で進んでいく。政府は、第三次補正予算では一二兆の国債発行、一九九九年度予算では三一兆の国債発行（在任中で八四兆）を行い、小渕首相は自分は「世界一の借金王」だと自虐った。

一九九九年二月、金融再生委員会、一五銀行に七兆四五〇〇億円の公的資金投入を通知した。日銀は、四月、ゼロ金利政策を開始した。

東京都足立区で自・公などが失政のない吉田万三区長への不信任決議を可決。自・公体制が地方でもなりふりかまわず攻勢に出た例である。

自自公の協力は、一九九九年の国会で、国家主義的傾向の強い法案を次々と成立させた。五月に**周辺事態法・労働者派遣法改正**、八月に**国旗国歌法・通信傍受法**である。また住民基本台帳改正法もある。「アメリカ軍が極東有事で出動したときには、後方地域でいいから日本の自衛隊も協力支援しなさいよ！〔…〕自衛隊が海外の戦争に出かけていく。そんな憲法体制の大転換が自民党が落ち込んだときの『自自公』というつぎはぎの政治体制で進んでいく」（早野透『日本政治の決算』）。派遣法改定では派遣がそれまでの原則禁止から原則自由に変わった。一年以上の派遣は常用化するという規定を「努力義務」にとどめることに、会社がその気にならなければ実現しないと寺前巌議員が国会で追及した。これを甘利明労働相は「究極の悲観的見方」と笑い飛ばし、共産党以外の野党も賛成して可決された。実際には長期派遣が正社員化されることはほとんどないまま二〇〇四年にこの「一年」は「三年」に延び、二〇〇八年からの恐慌で「派遣切り」が吹き荒れることになる。国旗国歌法は、二月末に広島県の高校長がこの問題で教委と教組の板ばさみとなって自殺したのがきっかけになった。日の丸・君が代を「国旗・国歌」とすることへの反対論の一つに、法的根拠がなかったことへの対策である。当然反対も強かったが、小渕首相は、これらを法律で「国旗・国歌」と定めたからと言ってそれを強制するものではない、と述べたが、反対派が恐れたとおり、実際には多くのところで強制されることになった。通信傍受法は犯罪捜査で警察が国民を盗聴する（メールを含む）ことを認めるものである。

九月、民主党の党首選で鳩山由紀夫が当選した。

九月、金融再生委員会は、長銀の売却を決定した。柳沢伯夫金融相は、その際の政府の代理人として、米国の証券会社ゴールドマン・サックスを任命した。それは身内的な投資会社リップルウッドに一〇億円で売った。長銀の資産は一一兆円をこえる。（前の「億」とこの「兆」は誤植ではない。）「泥棒と警備会社が仲間だった」（紺谷典子『平成経済二〇年史』）。

九月、茨城県東海村のＪＣＯ東海事業所で国内初の臨界事故（篠原さん、二〇〇〇年四月に死亡）が起きた。

九月、自民党総裁選で小渕が再選。

十月、経営危機に陥っていた日産ではゴーン社長が五工場閉鎖などリストラ計画を発表。コストをカットして建て直しに成功したといえば成功例だが、退職させられた労働者等からは、ギロチンの国から来た冷酷資本家に無駄扱いで首を切られたと恨みの声もあろう。**リストラ**の嵐は二一世紀になると小泉・竹中の下で吹き荒れることになる。

十月、西村信吾防衛政務次官（自由党）の核武装認容発言が発覚、翌日辞任。

十月、小渕第二次改造内閣が発足。七月に連立政権参加を決定していた公明党が加わる、**自自公連立**である。

十二月、日本の政党代表団と朝鮮労働党代表団が国交正常化の政府間会談の早期再開で同意。小泉訪朝の準備となる。

二〇〇〇年一月、吉野川可動堰に関する住民投票で建設反対が九割以上。

小沢は自由党と自民党との合流を含めて次々と要求を出し、自民党は次第に付き合いきれなくなってきた。四月一日、自自公党首会談が行われたが決裂、小渕首相は自由党との連立解消を決めた。それを表明したテレビのインタビューで、言葉に詰まる場面があったが、単なる政治的感慨ではなかった。執務室に戻って「左手がない」と言ったのは右の脳梗塞であった。四月二日午前一時、急変して順天堂病院に入院し、ついに戻らなかった（五月一四日死去）。昼、情報を得て赤坂プリンスホテルに集まったのが、青木幹雄官房長官・森喜朗幹事長・野中幹事長代理・亀井静香政調会長・村上正邦参院議員会長である。その場で、次の総裁は森と決め、何かあったら森に、と小渕首相が検査前に言った、という「遺言」をでっち上げた。その深夜、小渕が倒れたことと森が臨時代理になったことが青木官房長官によって発表された。この面子は後に「五人組」と呼ばれ、森首相への反感が強まるにつれて、それを密室でしつらえた責任を責められるようになる。言うまでもなく、中国の「文革」時代に権力をふるい毛沢東死後に悪の権化のようにされた「四人組」をふまえた仇名であった。なお村上はこの後ＫＳＤ汚職で逮捕される。

四月三日、連立離脱した自由党が分裂、連立残留を望む半分は「保守党」を結成した。「悪魔」を使い捨てて自民党を立て直した野中の勝ちである。

四月四日、小渕内閣総辞職し、森喜朗内閣が発足した(自・公・保)。

この森内閣が極度に不評で、次の小泉内閣は在任中は人気が高かったが、その「構造改革」が少なくとも伝統的日本をぶっこわしたことへの反省が後に出てくるにつれて、小渕をなつかしむ空気が強まったようである。しかしその景気対策は、派遣の自由化や「自公」の枠組みとともに将来につけを残したし、国家主義化を急速に進めたことは注意しなければならない。それでも小渕個人の人となりとしては、冷酷を自認した小泉と比べてほんわかしたものがあり、古きよき日本を感じさせる面があった。沖縄への思い入れはほとんど実を結ばなかったが、地雷禁止条約での積極性などは評価されよう。批判者を含めて直接電話をかけまくって「ぶっちフォン」と呼ばれた政治スタイルは、首相という地位と人柄とが合わさって成功した。住専の後始末として再生機構のトップに、政府や大企業と闘ってきた人権派弁護士**中坊公平**を持ってきたのはみんな驚いたが、それだけにクリーンヒットであった。沖縄サミットでは人気音楽家の小室哲哉にプロデュースさせテーマ曲を安室奈美恵(沖縄出身)に歌わせた。なりたての頃、野菜の株を持ち上げて「株上がれ」と叫ぶクサいギャグに「だめだこりゃ」と国民は思ったが、末期には「やるじゃない、やりすぎじゃない、小渕さん」という川柳を奉った。自らがスター性やカリスマ性を持たないことを自覚した上で、どう庶民の人気を得るか、したたかな政治家であった。

## 三　森喜朗内閣

五月、森首相、神道政治連盟の集会で、「日本の国、まさに天皇を中心にしている**神の国**であるということを国民の皆さんにしっかり承知していただくということ、その思いでわれわれが活動」と発言した。主に「神の国」という部分が国民の顰蹙を買った。確かに時代錯誤の感覚だが、個人的信念としては、また場を考慮したリップサービスとも考えればあきれればすむ（アメリカは神の国と思っている大統領は多い）。実はより問題なのは「天皇を中心とした」という枕詞であり、信仰だけでなく民主主義に反する認識となる。さらに、それを国民に「しっかり承知していただく」と思想を統制する発想が、この「文教族」政治家の本音であることが重大だが、そこまでメディアはおさえなかったので、安倍晋三内閣の教育基本法改定で森発言は実現に成功した。

六月、**総選挙**。投票の五日前、森首相は、無党派層が「関心がないといって寝てしまってくれれば、それでいい」と発言。これが寝ていた子も起こすことになって自民は二三三（三七減）、公明三一、保守七、与党全体で六五議席の減。与謝野馨・深谷隆司・島村宜伸・小杉隆・越智通雄・粕谷茂ら大物もどっと落ちた。それでも民主は一二七、自由二二、共産二〇、社民一九で、与党は過半数を維持し、七月、第二次森内閣が発足した。

六月、長銀が日本初の外資系銀行「新生銀行」にかわった。そして日本的慣行くそくらえと、マイカル、ハザマなどかつての「系列」二〇〇社以上を破綻させた。その中で七月のそごうの倒産が一般には最も記憶にあろうか。当の新生銀行は「瑕疵担保特約」で日本政府から引当金を得て大きな儲けになった。しかしそれが日本政府に還元されることはない。この件で巨額の売却益を得た投資ファンド運営会社のリップルウッドは日本が課税条約を結んでいないオランダに本部を置いているからである。

七月、沖縄サミット開幕。開会前日、二万七〇〇〇人が米軍嘉手納基地を「人間の鎖」で包囲した。

シドニー五輪でQちゃんこと高橋尚子が女子マラソン優勝で国民を喜ばせた秋、**中川秀直**官房長官が女性スキャンダルで失脚した。替わったのは**福田康夫**、失言続きの森首相の尻拭いをひょうひょうとした感じで務めたが、とてもおいつかない。

九月、政府は日債銀をソフトバンク・オリックスなどに、長銀と同じ一〇億円で売却。長銀のときの批判で国内企業に売り下げられたとも言うが、政府代理人はモルガン・スタンレーであり、筆頭株主ソフトバンクは三年後に全株をサーベラスに売却した（その際五〇〇億の利益を得た）。名前は「あおぞら銀行」となったが、結局外資系である。

十月、長野県知事選で**田中康夫**が、衆院補選で川田悦子（ＨＩＶ訴訟原告川田龍平の母）が当選したのは、国民の反森・反自民のうねりを表した。

十一月五日、野党が不人気の森首相に対して出す不信任決議案に、加藤紘一自民党元幹事長が賛成を公言した。二一日に採決にかけられ、谷垣禎一が涙ながらに加藤をとめ、加藤・山崎派は欠席の中否決された。「加藤の乱」と呼ばれ、特にインターネットでの国民の支持が多かったことに新しい傾向が見られた。その後の森政権の失墜からも、早すぎたしかけとして惜しむ人も多い。

同月、「少年犯罪が増えている」という嘘の情報を支えに、少年法が改定され、厳罰化された。少年犯罪だけでなく犯罪一般へも厳罰を求める風潮になり「人権派」叩きが強まっていったのは、国政における軍国化、「平和ボケ」叩きの流れと通底しているのであろうか。アメリカ新保守主義の「リベラル叩き」とも共通するようにもみえる。

二〇〇一年二月、ハワイで実習中の水産高校の船「えひめ丸」が、米原子力潜水艦「グリーンビル」に追突され、高校生が沈められた。森首相はそれをゴルフ場で知らされたが、そのままプレーを続けた。これに対し国民の怒りが爆発した。当時彼の出身大学では、母校の恥森はすぐやめよ、という立看板が出た。ワドル艦長は減給だけで刑事処分を免れたが、日本政府は何の抗議もしなかった。森はついに辞意を表明した。

三月、日銀が、量的緩和政策を開始。

四月、自民党総裁選となり、「自民党をぶっこわす」と叫んだ小泉純一郎が当選。その後の五年半の小泉時代に彼がぶっこわしたものが何であったかは、読者が知っている。さらに小泉のあと、安倍、福田、麻生と替わったが、森喜朗はその間に「キングメーカー」的存在になったようだ。「へべれけ会見」で中川昭一財務相が辞任騒ぎの際、報道陣に「邪魔だ、どけ」と横柄に怒鳴り散らしていたのが過去から学ばなかった様子で、さっそく批判されたが、逆に強い力を持ち続けたことを示しもした。田母神敏雄（航空幕僚長として、イラク派遣を違憲とした高裁判決に「そんなの関係ねぇ」と発言、また日本の過去の戦争を正当化する発言）は、小松基地にいたとき、石川県出身の森と意気投合し、昵懇になったという。「天皇を中心とする神の国」を「しっかり承知していただく」という政治家と「日本軍」と意識がつながった軍人（「自衛隊」は軍隊でなく、ましてかつての帝国軍とは別の組織だ、と言う「自衛隊員」はほとんどいなくなってしまったようだ）の影響力が、着々と強まっているのである。

◇本章では人物は歴史上の人物として扱い、物故者・現存者を問わず敬称を省略した。

# 第Ⅱ部　政治の思想と現実

# 第一章　社会ダーウィニズム

## 1　問題の所在

政治とは闘争であり支配です。（それゆえ政治は悪だ、と私は考えます。）ではなぜ政治があるのか、言い換えれば対立があるのでしょうか。「争いのない社会」や、命令や強制なしに「みんな仲良く」共存することはできないのでしょうか。対立の根拠についてはいろいろな考え方があり、それら自体対立していると言えるほどです。たとえば、それは対立する人々の欲・野心・妬み・恨み・利己心などによるとする、**観念論**的学説があります。考え方や心がけが悪いからとするのですから、解決策としては、そういう考えや感情を捨てて仲良くしましょう、と説教することになります。極論すれば、訴訟する人には、不正を受けても忍ぶように、争議する労働者には、雇ってもらえることに感謝するように、立候補する政治家には、他のやりたい候補に譲るように、説くことになります。宗教はしばしばこうなる傾向があり、したがって「近年世の中乱れてきたのは宗教心が衰えたからだ」（宗教心が強まれば争いは減る）という声もありがちなものです。結論だけ言えば、これは間違っていると私は考えますし、大部分の政治学者も、少なくともあまりに素朴で一面的として採用しない説です。

別の考え方の一つとして**社会ダーウィニズム**(social darwinism)がありますが、それは通俗的な形で表すとこういうものです。生き物の世界というものはそもそも弱肉強食であり、戦いがつきものだ、人間も生物である以上争いは避けられず、これは自然の掟であるからなくすことはできない、と。はたしてこれは正しいのか、これを検討することが本章の課題です。

そのためには、「進化論とは何か」、「ダーウィニズムとは何か」、「社会ダーウィニズムとは何か」を解明しなければならないことになります。あらかじめ確認すべきことが一つあります。ここで問題となる「弱肉強食」を「食物連鎖」の問題と区別しなければならない、ということです。どちらも生物学がらみだけに、混同する人もいるようです。食物連鎖とは異なる生物種間において、たとえば草が牛に食われ牛がライオンに食われるといった関係について言います。ダーウィニズムで問題にされるのは、同じ生物種内の個体間の「生存闘争」のことです。(もし「食物連鎖」を根拠に政治の必然性を示そうとするならば、争う複数の個人あるいは集団を別の生物種に「たとえる」ことにしかならず、しかも無理な比喩でもろさは自明でしょう)。

## 2　進化論とダーウィン

**ダーウィン**と言えば進化論、進化論と言えばダーウィンですが、ダーウィンは進化論をはじめて唱えた人ではありません。「進化」(evolution)をここでは、諸々の生物種が別個に生じたのではなく、少数の、たぶん一つの生物種から生じた、との意味とし、「進化論」をその「進化」を主張する説とします。その意味では進化論は古代ギリシャからありました。ただし少数意見にとどまりましたが、その理由は二つあります。一つは「進化」という現象を実際に観察できないこと、観察される「瓜のつるになすびはならぬ」という事実は、むしろ進化論に不利です。第二は聖書によれば神は諸々の生物を別個に創ったことになっており（特殊創造説）、これを文字通りの意味で信じるならば進化論に反する、ということです。それでも十八世紀になると、聖書の文言や教会の権威にあまりとらわれずに、化石や地質などを研究する勢いも強まって進化論は以前より話題になり、ダーウィンの祖父（エラズマス）も実は進化論者の一人でした。孫（チャールズ）の歴史上の意味はだから、「一つのアイディア」として進化論を提唱したことではなくて、それが客観的な真理であることを科学上の諸々の根拠に基づいて確立したことです（『種の起源』一八五九、どんな諸根拠かはいろいろな解説書にあります）。今日でも宗教上の理由で進化論を認めない人はいても、科学の領域で進化論を否定する人はほぼいません。

これはつまり「進化」という現象の実在は科学的にほぼ認められているということですが、それはこの現象が科学によって十全に説明されたことを意味するものではありません。（他の分野を含め宗教家はしばしばそのことを持ち出しますが、科学で未解明のことがたくさんあるのは当たり前の話であり、そのことが宗教による「説明」の正しさの根拠になるわけではありません。）「進化」が起こることは事実だとしても、それはなぜ、あるいはどのように起こるのか、という問題もその一つです。この分野を進化要因論と呼ぶことにしますが、いろいろな学説があります。

### 3　ラマルク説

ダーウィン以前の進化要因論で最も有名なのは、フランス人**ラマルク**によるものです（『動物哲学』一八〇九）。その特徴は、「用不用説」と「獲得形質遺伝説」とにあります。前者は、生物の器官は有用だと発達し、不用だと衰えるというものです。たとえばキリンにとって長い首は有用と考えられます。高いところの葉まで食べられたり、遠くから敵を認めたりできるからです。それゆえキリンの首は発達し長くなります。他方地下にすむモグラに目は不用です。それゆえモグラの目は器官としては痕跡がありますが、視力を持ちません。しかしこうした変化も個体の死で終わり、こどもが親と同じところから一から始めるのでは、個体の年齢による差はあっても新しい種の出現にはつながりません。そこで先天的でない「獲得形質」がこどもに遺伝することを通じて、ついには種全体として新しいものも生まれるというのです。このような考え(ラマルキズム)は分かりやすいものであり、これがダーウィンの説だとか真理だとか思っている人も幾分かはいるでしょう。しかしこれは今日の生物学者のほとんどからは間違いとされている説です。

## 4　ダーウィニズム

進化要因論についてダーウィンの説は、二つの観察される事実を出発点とします。一つは個体差です。たとえばイワシはマグロとは明らかに違いますが、どのイワシも似ています。しかし厳密にはまったく同一のイワシは二つなく、大きさが何ミリか違ったり、泳ぎが何秒か違ったりします。もう一つは多産性です。生物はふつう親世代以上のこどもを生みます。魚などは何千何万という卵を産みます。(現在の日本人などは生物としてはきわめて稀な事例の一つです。)しかし生き残るのもふつうは親世代とあまり変わらない数になります。(生物学で「生き残る」というのは、自らの子を残した後に死ぬ、という意味です。)この二つの観察事実からダーウィンは次の説明原理(これが**ダーウィニズム**です)を考えます。すなわち生物においては同種の個体間に「**生存闘争**」が行われており、その結果「**自然選択**」(natural selection、自然淘汰)が働くのだ、と。ここでまず注意すべきことは、この「生存闘争」とは個体間、たとえばイワシAとイワシBで直接の戦いや殺戮があるという意味ではないということです。実際、種内の「共食い」や「戦争」を行う生物がきわめて少ないことを、ダーウィンは知らないことはありません。餌や縄張り、配偶者をめぐって争う場合があるにしても、一方が逃げるか「負け」を認めると他方は攻撃をやめるのがふつうであり、異常な状況でもないのに殺すまで攻撃するとか、戦争行為を行うというのは、ある種のアリやヒトなどごく少数の生物種に限られます。すなわちダーウィンのいう「生存闘争」(struggle for existence)とは、たとえば食料を得られる個体と得られない個体があり、それを生存できる個体とできない個体とができる間接的な闘争ととらえるという解釈なのです。なおこれをわが国でははじめから生存「競争」と訳すのが一般的で、単語レベルでは正確ではないかもしれませんが、意味内容からすればかえって妥当かもしれません。

ダーウィン以後この問題に関連して起きた大きな出来事は、**メンデルの法則**の発見(一八六五ただし認知は一九〇〇年)です。これによって遺伝現象が「集団遺伝学」として統計的に把握されるようになり、また生物体の中に遺伝を司る単位部分「遺伝子」が想定されることになりました。後にこの遺伝子の実体はDNA(ディオキシリボ核酸)という物質であることも確認されました。ところでDNAは生物個体が誕生とともに備えており、個体が獲得した形質によって生殖までの間に変化するということは考えにくいことです。そこで今日ではラマルクが想定した「獲得形質の遺伝」はほとんど支持されないのです。なおダーウィンは同種の個体差の原因についてははっきりさせません。ただわずかな個体差が膨大な年月の自然選択を経て変種や新種の形成に至るというのが、彼の中心的なイメージでした。しかしド・フリースは非連続的な**突然変異**現象に注目しました。突然変異には染色体突然変異と遺伝子突然変異があり、どんな仕組みで起きるかも研究されました。今日では放射線・紫外線・超音波・遠心力・化学薬品・高温などの処理で人為的に突然変異を起こさせてもいます（「遺伝子組み換え」の作物など）。突然変異によって従来と異なる遺伝子が生まれ、それが自然選択を通じて進化を起こしていく、というのが**ネオダーウィニズム**（総合説ともいう）の基本的な考え方で、二〇世紀半ばの生物学者において最も有力な進化要因論となりました。

## 5　ダーウィニズムの論点

ネオダーウィニズムも広義のダーウィニズムの一種ですが、共通するのは自然選択説です。生まれた数より生き残る数が「少ない」（ここまでは客観的事実）というだけでなくそれを「選択」というためには選ぶ原理があることになります。それを表す言葉が「最適者生存」(survival of the fittest) であり、スペンサーが作ったこの用語をダーウィンも途中から採用しました。適しているかどうかで個体生存の成否が決まるからそれを個体間の「生存闘争」と言えるというわけです。しかしこの「最適者生存」自体観察事実ではなく、したがって「自然選択」も同様に一つの説明仮説であるから、他の説も可能であり、事実非ダーウィン的な進化要因論はなくなりません。

二〇世紀の非ダーウィニズム進化論としては、たとえば**今西錦司**のものがあります。彼は種の中の若干の個体に変異が起こり、それが他の諸個体との生存闘争に勝って新たな種をつくるのではない、進化するときには種全体として進化すると考えました。ではなぜ進化するのかと言えば生物には「主体性」があるからであり、「生物は進化すべくして進化する」と答えました。この説は非専門家にはある種の人気を得たものの、生物学者の中では異端にとどまりました。概念的明晰さが疑問で検証されにくいところから、そうなったのは理解できないことではありません。しかし今西説は「正統派ダーウィニズム」が、完全に検証された科学理論ではなく、疑う余地を含む諸前提を含んでいること、それらの前提が「西洋的」先入見と結びついているかもしれないことを考えさせ、少なくともこの点で興味深いものです。それらの前提とは、①個体主義（個人主義の生物界への移し入れ？）、②（「理性」「道徳」「宗教」を持った）人間以外に「利他性」を認めない闘争主義、③人間以外に「主体性」を認めない人間中心主義です。

他方**木村資生**によって提唱された**中立説**は、まだ一般にはなじまれていないものの、専門家の間で次第に大きな支持を集めているものです。これは分子生物学の領域から起こったもので、進化を分子水準でみたとき、それは環境により多くまたはより少なく適しているとは言えないという意味で「中立的」（neutral）なものが多いことの発見によります。

ダーウィニズムの論点としてまず「最適者生存」の論理性があります。この説の妥当性を検証するには、まず「適している」とはどういうことかを定義しなければならないがそれが難しく思われます。つまり「適している」とは結局のところは「生き残るようになっている」ことではないかという疑問が生まれます。もしそうならそれは「生存する個体が生存する」という何も説明していない主張になりかねません。正統派ダーウィニストはそうでないと主張します。たとえば太田邦昌氏は（進化学における〈総合理論〉の立場」『講座　進化、第一巻』東京大学出版会、一九九一）、①「最適者かどうか〔…〕は結果が出る前の能力的、本性的なものだという意味で、それはトートロジーでなく、循環論法でもない」と言いますが、

「結果が出る前の能力的、本性的なもの」としての「適」をどう規定できるかというしろうとの疑問には答えておらず、②適応度の「数理モデル」では、「最適者以外の者も十分に生き残る」ことを「最適者生存」がトートロジーでない理由としますが、これは「最適者生存」の妥当性を疑わせる理由にならないかとも思えます。

「最適者生存」は論理的に無意味でないとしても、それ自体は観察事実でなく説明仮説でした。その有効性は、他の説明仮説が困難であるほど、大きくはなります。たとえば種の多産性という事実は他にどう説明され得るか。偶然によって、と答え得ます。たとえば同じ親から数百のイワシの稚魚が生まれそこから生存した一、二のイワシは「最適者」であるゆえに他の諸個体との闘争に勝ったのだ、と言えるのはきわめて稀な場合でしょう。幸運にも他の生き物に食われなかったり自ら餌を見つけられたものが生き残ったとするほうが自然な説明でしょう。太田氏は「偶然による選択」説こそトートロジーとしますが、この説を「個体に内在する形質差に選択の原因を求めることはさしあたりできない」という意味でとれば、トートロジーとは言えないでしょう。多少の個体差はあっても、「最適の個体が生存する」を法則とするほうがこじつけに思われます。（わずかな個体差による自然選択でなく、突然変異による変種間の選択を考えれば、この点の強引さは減ります。ただしその際は①「種の多産性」とは別問題になり、②変種間が共存でなく闘争するという必然性の論理が求められます。）

また、ネズミによるヴァイスマンの実験にもかかわらず、「獲得形質の遺伝」が完全な意味において反証済みであるのかも、疑問の余地がないわけではありません。

要するに、ダーウィニズムは、証明済みの理論でも、異論のない理論でもありません。斎藤成也氏は（「遺伝子からみた人間進化」『科学』二〇〇八年十二月号、一三四〇頁）既に中立説との戦いに敗れて中心から消えた総合説ないしネオダーウィニズムが「いまなお定説であるかのような主張が散見されるのは残念」と述べています。

ダーウィニズムが観察事実でも唯一可能な説明でもないなら、ダーウィンはなぜ（どこから）その説明原理を思いついたのでしょうか。ダーウィン自身、それはイギリスの経済学者マルサスからだ、とうちあけています。マルサスは、人口は等比数列で増えるが食料は等差数列でしか増えない、と考えました。それゆえ常に「過剰人口」があることになり、それは戦争で直接他人に殺されなくても食料が得られないので「生存」できない、ということになります。これはほとんど支持されない説ですが、ちょうど当時のイギリスは産業革命によって「生存闘争」が激化し、増大した労働者が貧困に苦しみ、彼の説はこの状況を説明するとともに正当化するのに都合のよいものでした。

## 6 社会ダーウィニズムの言説構造

**社会ダーウィニズム**とは、ダーウィニズムを人間社会にも当てはめたものです。それは明示的または含意的に次の三段論法の形をとって、科学的真理であることを標榜するのがふつうです。①（大前提）生物の世界は弱肉強食だ。（以下「弱肉強食」とは同種内で個体間の「生存闘争」があるという意味をさすことにします、すなわちダーウィニズムの主張です。）②（小前提）人間も一種の生物だ。（進化論の確立はその証明の一つとなります。）③（結論）それゆえ人間の世界も弱肉強食だ。しかしこの「結論」は論理的に証明されてはいません。なぜなら、A：三段論法では大前提が確実に真である必要がありますが、①は前節で見たように蓋然的な主張です。B：証明の論理としては演繹と帰納があります。この論法が演繹であるためには、「生物」の概念（定義）のなかに「弱肉強食」が含まれてなければなりませんがそれは無理です（無理にそうすれば循環論法です）。帰納であるためには「すべての生物種」についてすなわち「人間」についても「弱肉強食」がわかっていなければなりませんがそうもなっていません（わかっているならばそもそもこんな「証明」は不要です）。C：②はそれ自体は真ですが、Aの問題とあわせると、種差（他の生物種との違い）が問題になります。つまりいくつかの他の生物種が弱肉強食であるとしても、人間と生物であるという点では共通する（しかし違い、種差もある）、ということから言えるのは、人間も弱肉強食ではなかろうか、という類推に過ぎません。類推は考察の過程において発見法的（heuristic）に役立ち得るものであっても、何かを証明する方法にはなり得ません。D：さらに社会ダーウィニズムが成り立った過程を考えると、次のように何重もの飛躍や循環がみいだされます。Ⅰ「産業革命当時のイギリス社会は弱肉強食である」、これはさしあたり真であるとしましょう。Ⅱ「実は人間社会はすべて弱肉強食である」、これは過度な一般化です。「人間というものは」と大きく語りながら実は自分や身の回りの人間しか考慮していないことは一般にもありがちな飛躍です。Ⅲ「実は生物はすべて弱肉強食である」、これも同様な飛躍であり、せいぜい類推でしか言えないものでした。Ⅳ「それゆえ（生物である）人間も弱肉強食である」、見事な循環論法です。

以上から言えるのは、社会ダーウィニズムは科学的真理でないというより、そもそも科学上の命題ではない、ということです。科学上の命題というものは、科学の方法によって真偽を検証できるものですが、社会ダーウィニズムはそうでなく、一つのイデオロギーであるということです。ダーウィニズムは仮に科学的真理と言えないとしても科学上の命題とは言えるもので、検証（反証）され得ます。（完全にどちらかでなくても、どういう生物種のどういう状況において、また、中立進化などに対してどういう意味で、またどの程度において、有効な原理か、というかたちで科学者の合意形成が進む可能性もあります。近年は「ほぼ中立進化」説なども有力。）科学とイデオロギーの違いは序章で説明しましたが、（「牛は神聖な動物だ」とか「男女は平等だ」のような）イデオロギーについては「（客観的）真偽」でなく「（主体的）賛否」が問題でした。しかし社会ダーウィニズムの特徴の一つは、自らを科学的真理であると自称（僭称）しているイデオロギーであるということです。そこでこの場合はまずその「賛否」を言う前に、その自称が偽りでありそれは科学的真理ではないことを客観的に明らかにする作業が必要であり、それを以上で行いました。

## 7　社会ダーウィニズムの社会基盤

社会ダーウィニズムのイデオロギーとしての機能は、人間社会における「生存闘争」を説明するとともに正当化することです。ではその機能は以前は何が果していたのか。古代ギリシャでは争いや憎しみを起こす神々が想定され、キリスト教では「原罪」という宗教教義に帰せられました。近代になると非宗教的説明が現れ、代表はホッブズ（十七世紀半ば）です（「人間は人間にとって狼」という彼の有名な比喩は、既に社会ダーウィニズムの無意識的な基盤を感じさせます）。しかしロック（十七世紀末）や特にルソー（十八世紀半ば）によってそれは批判され、ホッブズによって実体化されていた「支配欲」や「競争心」の社会的性格が暴かれ、彼の心理学的性悪説をそのまま保持することは難しくなりました。社会ダーウィニズムは、これに生物学的基礎づけの外観を与えることで復活させたものと言えます。同時にそれは十九世紀にふさわしい「改良」でもありました。以前の「生存闘争」論は、他者への直接の「力」の行使が念頭に置かれていました。しかしダーウィニズムは前述のように、環境への適応をめぐる競争としてむしろ間接の「闘争」です。十九世紀に成立した市民社会は、まさにそのような「市場」を（つまり生活資料を）得ることを通じた間接の「闘争」だからです。「自由放任主義」の下でそれこそ「万人対万人の戦争」の領域でありつつ、直接の暴力行使よりも「相互欺瞞」に満ちた「精神的な禽獣国」である、というその本質を、ヘーゲルは捉えました。

また面倒なのは、「進歩思想」との入り混じりです。啓蒙主義や社会主義など、ダーウィン以前からの進歩思想があります。進歩思想が進化論で「基礎付け」をはかれば、「社会進化論」となりますが、これは「社会ダーウィニズム」とは限りません。他方社会ダーウィニズムも、「最適者生存」により現状正当化の面に力点を置けば保守思想となり、このへんは受容者だけでなく提唱者自身にも曖昧さや混乱が含まれることがあります。逆に主観的意図として人為選択による「進歩」を考えたものに、ダーウィンのいとこゴートンにはじまる**優生思想**（eugenics）があります。しかし多様性の否定で客観的に種の進歩がもたらせるのか、また彼等が目指す「進歩」が万人に価値として妥当し得るのかは、その手法が個人の尊厳や権利と抵触しがちなことだけでなく、大きな問題です。

## 8　社会ダーウィニズムの展開

社会ダーウィニズムの提唱者は誰かは少し難しい問題です。用語は十九世紀末からのようですが、この思想そのものはそれ以前からあったこと、しかしダーウィン自身は含まれないこと、以上は確実です。これは大思想家の中心思想としてはあまり唱えられなかったとも言えそうです。大きな流れではあまり残らないが一時的にはかなり流行した中小思想家や、もっと通俗的な言説としてそれは広まったと思われます。そして大きな影響を与えるのは、必ずしも理論的に整った、あるいは哲学史的大物の思想より、こうしたものであり得ます。社会ダーウィニズムの場合はまさにこの面が重要であると思われます。ただ重要人物の名前として私が考えるには、影響の大きさという点で代表的な社会ダーウィニストとしては、アメリカではスペンサー、ドイツではヘッケル、日本では加藤弘之が挙げられると思います。

**スペンサー**はイギリスの思想家で、実証主義と宇宙全体の進化論とに基づく「総合哲学」の体系をつくりました。スペンサーはむしろ社会ラマルク主義であり、その影響について過大視されたと考える意見もあります。確かにスペンサー進化論自体の力点は自然選択よりも「分化」等の彼固有の原理にあるようです。しかしその受容——特にアメリカにおいて——は、社会ダーウィニズム的な面が強く、それはなるほど大思想家においては過大視されてはなりませんが、カーネギーやロックフェラーといった大資本家をはじめとする「現場」の人々のイデオロギー形成に、やはり大きなものがあったように思われます。生物学者**ヘッケル**は、多くの啓蒙書や通俗書で大きな影響を及ぼし、晩年は思想運動を率いたりし、第一次世界大戦では熱烈な国家主義の立場をとりました。また同時代の思想家**ニーチェ**は、ダーウィンに対しては「適応」本位の論理に異論を唱えたりもしていますが、社会ダーウィニズムや集団的優生思想と重なる面は否定できず、激しい反民主主義とあいまってファシズムへの思想的土台となりました。**加藤弘之**は社会ダーウィニズムを採用することによって、彼自身が初期に加担していた人権と民主主義の思想を妄想として批判する側に転じ、帝国大学の総長となって大日本帝国の将来の官僚たちに、その密教としての社会ダーウィニズムを教え込みました（民衆向けの顕教としては神がかった皇国思想）。

十九世紀の社会ダーウィニズムは個人間の「生存闘争」を説きましたが、二〇世紀になると、それは「人種」「国家」「民族」を単位とするものが多くなりました。ファシズムがその典型例であることはよく知られています。たとえばナチス時代のドイツ（無論テレビはない）では、映画館で本来の作品を上映する前の宣伝省等による広報映画で、鶏の蹴合いの場面等にかぶせて社会ダーウィニズムを語り、「優等人種」の防衛や勝利を訴えたりしました。

## 9　私達の問題

社会ダーウィニズムが受け入れられる際の理由は何でしょうか。第一は、それが科学的真理であると丸呑みする（させられる）場合でしょう。第二は、説明原理としてのその有効性でしょう。「産業革命当時のイギリス」だけでなく私達のまわりにも弱肉強食的現実があるので、この擬似論理にある程度自ら「納得して」しまう場合です。第三に、強者に対する有効性です。それは彼等が力を行使することや、支配を行っていることを正当化します。平和主義・民主主義・福祉を否定する論理を支え、反対する声を「負け犬の遠吠え」と嘲けさせます。第四に、弱者がこれを受け入れる際には二つの場合があります。一つは、解決策として「自らが強く（勝者に）なる」ようにさせるものです。二つは、（少なくとも現世においては、または宿命で定められた限りは）現状をあきらめさせるものです。共通するのは、より手ごろな「解決策」であるということです。「戦争をなくす」よりは「勝つ、少なくとも負けない強い国にする」ほうが、「いじめをなくす」よりは「いじめられない強い人間になる」か「いじめられ役と観念する」ほうが「現実的」と思われたりするからです。

そこで社会ダーウィニズムと対決すべきであるなら、二つのことが必要でしょう。一つは、その本性を正しく知ることです。もう一つは、それが真のあるいはよい解決でないことを示し、それに替わる思想と感性と努力を行うことでしょう。

# 第二章　ファシズム論

## 第一節　ファシズムとは何か

### 1　ファシズムを考える必要性

こんにちふつう「ファシズム」といえば悪の権化であり、誰かを「ファシスト」呼ばわりすることはひどい罵りの言葉になります。いまの日本が全体として「ファシズム」だと考える人は少ないでしょうし、事実そうは言えないでしょう。しかしいくつかの法律制度や社会現象の中に「ファシズム的（ファッショ的）」なものはあると思われますし、ここ四半世紀の日本は、全体としても、ファシズムから遠ざかる傾向よりも近づく傾向のほうが大きいと考えられます。言い換えれば、これからファッショ的な法律制度や社会現象は減るより増え、全体としても今後の日本がファシズムになる危険が増えると考えられます。それをここで証明する余地はありませんが、そう思わない人でも、だから何もしないでいいとは思わないでしょう。つまりファシズムを防ぐ努力をする（続ける）ことは必要だと考えるでしょう。

ではファシズムを防ぐためには何が必要か。勿論いろいろなことが必要ですが、その一つとしてファシズムについてよく知ることが含まれるのは誰もが認めるでしょう。そしてこの「よく知る」ことの中身としては、ファシズムの現れを具体的に知ることがあり、そのためには歴史、記録、小説、映画などが役立ちます。しかしまたファシズムの本質を一般的に把握することも必要です。なぜなら第一に前者だけでは、確かにファシズムを嫌い、これに反対することにはつながるかもしれませんが、なぜファシズムが成立したかよくわからず(、せいぜいヒトラーなど何人かの「悪玉」のしわざとしかつかめず)、したがってどうしたら防止できるかもわからないからです。また第二にそうすると「何がファシズムか」も実はよくわからず、したがってファシズムに反対のつもりでもファッショ的状況やファシズムへの動きを見過ごしたり加担したり、逆にファシズムとは異なるものをファシズムとして反対したりする危険があるからです。たとえば「アンネの日記」を読んで(観て)、ドイツによるユダヤ人迫害に憤慨した人が、日本による朝鮮人や中国人の迫害を直視しようとすることは「自虐的」と感じさせられたり、チャップリンの映画「独裁者」をほめて自由の意義を朝礼で説教する者が、自分の会社や学校では独裁者そのものであったりするような場合です。そこで以下では、「ファシズムとは何か」ということを考えてみます。これはファシズムの(あるいはそれに反対する)個々の現れを具体的に述べることほどとっつきやすくはなく、少々しんきくさい作業です。そこでなぜそれが必要なのかを、はじめに語って見ました。

## 2 ファシズムの定義

まず辞書で「ファシズム」の項をみます。「【fascismo イタリア・fascism イギリス】(ラテン語 fasces (古代ローマの儀式用の棒束、転じて団結の意)に由来)、①狭義では、イタリアのファシスト党の運動、及び同党が権力を振っていた時期の政治的理念及びその体制。②広義では、イタリアーファシズムと共通の本質をもつ傾向・運動・支配体制。第一次大戦後、世界の資本主義体制が危機に陥ってから、多くの資本主義国に出現（イタリア・ドイツ・日本・スペイン・南米諸国・東欧諸国など）。全体主義的或いは権威主義的で、対外的には侵略政策をとることを特色とし、また一党専制の形をとり、国粋的思想を宣伝する」（新村出（編）『広辞苑』（第二版）岩波書店、一九六九）。

この記述は、三つの部分に分かれます。第一が語源。第二が外延的説明。第三が内包的説明。

外延的説明とは、ある概念に属する個体を列挙することによってこの概念を説明するものです。たとえば、「金属」とは「金、銀、銅、…などの物質」だとか、「アジア諸国」とは「日本、中国、インド、…などの国々」だとかするものです。この外延的説明はわかりやすい反面、内容上の適切さを別にしても、形式上次の弱点があります。①「現在の早稲田大学の学生」のように、属する個体が有限なものは原理上列挙できますが、そうでないものはすべてを挙げられません。②しばしば、挙げられたいろいろな個体がなぜその概念に属するのかがわかりません。③上の二つが重なると、未知の個体がその概念に属するのかどうかがわかりません。

内包的説明のほうは、しばしばわかりにくい反面、形式上の難点はありません。しかしそれは個々の内包的説明が十全かどうかとは別問題です。そこでこの辞典の内包的説明をみると、「全体主義的或いは権威主義的」という、内包的というより言い換えに近い説明部分を取り除くと、「対外的には侵略政策をとることを特色とし、また一党専制の形をとり、国粋的思想を宣伝する」という部分が残ります。

これが妥当かどうかを検討してみましょう。その方法としては、①似た概念との異同を考える（そのよい候補になるのが、いま出た「全体主義」と「権威主義」です）、②挙げられた内包的説明にあてはまらない個体（ファシズム）がないか、逆にこれにあてはまるが「ファシズム」とはいいにくい個体がないかを検討することがあります。ところでこうした作業の目的は辞書のあらさがしをすることではなく、辞書の記述を手掛かりに「ファシズム」の本質についての私達の認識を深めていくことです。

### 3　日本もファシズムだったか

それにしてもこうした検討が実質上の意味を持つのは、この『広辞苑』の記述が必ずしも専門家の合意済みの説明ではないからです。それを示す一例として、歴史教科書（教授資料）の「学界上の問題点」として日本とファシズムの関係について扱ったところ（井上・笠原・児玉『詳説日本史（改訂版）教授資料』山川出版社、一九八七、六三〇頁）をみてみます。そこではまず世界恐慌（一九二九）後に「それぞれの国家はさまざまな形の対応を行ったが、国民の総動員・権力の集中という点ではほぼ共通の方向性を示していた」①とまず指摘します。「こうした中で、ドイツ・イタリア・日本といった新興資本主義国家においては、国内における対立、先進資本主義国家との経済的対抗の困難などを乗り切るために、よりドラスティックな方法を選んだ。国内における自由の抑圧・一党独裁、対外的には植民地の再分割を主張する侵略的軍事行動などがそれである」②と外延をしぼり内包をより詳しくし、「この日独伊3国を中心とする一つの陣営は〔…〕イタリアにおけるムッソリーニによるファシズム体制を一般化してファシズム陣営と呼ばれた」とファシズム概念につなげます。しかしここまではこの項目にとっては前置きです。「しかしながら、この陣営のそれぞれの国の政治形態は必ずしも同一ではない。一党独裁（これは日本では成功しなかった）や経済の統制、自由主義の排斥、議会制の否認、独裁者の絶対化等々を指標にとるかぎり」、スターリン体制下の「ソ連と区別することは困難である。また、日本の場合、ナチス＝ドイツ、ファッショ＝イタリアのようにファッショ集団が大衆政党を組織して運動を展開し、武力を背景に国家権力を掌握する形態とは異なり、国家機構内部の軍をはじめとする全体主義勢力が国家機構を全体として戦時体制化していった。そうした点から『上からのファッショ化』として特徴づけられてきたが（天皇制ファシズム論）、これをドイツ・イタリアと同じファシズムという概念で包括しうるかどうかについては従来から議論のあるところである。また、マルクス主義者の中でも、コミンテルンの〔示したファシズムを〕金融独占資本の赤裸々な支配とする規定からみて、日本の場合は〝絶対主義的天皇制の軍国主義的独裁〟であってファシズムは成立しなかったとする議論も存在した」。このように問題を指摘し、次のようにまとめています。「一九三〇年代の日本の政治体制の具体相とファシズム概念の双方からの再検討が要請されているのである」。

ここからわかることの一つは、日本が「ファシズム」に属したことには意見が分かれることです。そこで逆に異論の余地のない「ファシズム」の代表として、ムッソリーニ体制下のイタリア（一九二二－四三）、ヒトラー体制下のドイツ（一九三三－四五）、フランコ体制下のスペイン（一九三六－七五）を挙げておきましょう。そこで日本がこのファシズムに属するかどうかですが、これはある意味では「言葉の問題」であり、定義次第でどちらになるとも言えます。しかしだからまったくどちらでもいいというわけではありません。この場合、戦前の日本の体制を「代表的ファシズム体制」と比べて、共通性をより重視するか、違いをより重視するかという問題になります。

そこで内包的徴表の検討に戻ります。「一党専制」「一党独裁」「議会制の否認」「独裁者の絶対化」「自由の抑圧」「自由主義の排斥」「経済の統制」「国粋的思想を宣伝」といったことが挙げられています。

まず「一党独裁」が「日本では成功しなかった」という記述はどうでしょうか。一九四〇年六月、「新体制運動」によって各政党は解散し、十月に大政翼賛会ができたがこれが「当初めざした政治組織でなく、官製の上意下達機関となってしまった」(日本史教科書)ことをさすものでしょう。しかしこれは議会内では会の外の議員を圧倒する力を持った(四二年の選挙では会の推薦議員三八一名当選、非推薦で当選した議員は八五名)から、事実上の一党独裁と言えましょう。またこの「一党専制」「一党独裁」という規定はある「政党」の単独支配よりも、野党、すなわち〝政府に反対する活動が合法的に可能で選挙で多数の支持を得れば政府を倒す力を持つ政治団体〟を認めないということ、すなわち次項の「議会制の否認」に力点があると考えられます。問題の諸国はファシズム以前に、期間の長短や浸透の度合いなどはさまざまながら、立憲制・議会制・共和制など民主的な政治制度を多かれ少なかれ取り入れており、「議会制の否認」と言っても単純に昔の君主制や専制政治には戻りにくく、そこらへんにファシズム的「一党独裁」の意味がありそうです。この点では日本を「典型的ファシズム諸国」から区別する理由はないと思われます。しかし問題はまだあります。日本をファシズムに入れない立場の論拠の一つが、日本では「ファッショ集団が大衆政党を組織して運動を展開し、武力を背景に国家権力を掌握する形態とは異なり、国家機構内部の軍をはじめとする全体主義勢力が国家機構を全体として戦時体制化していった」という点です。ファシスタ党やナチス党に大衆運動・大衆組織という一面があったことは重要かもしれません。しかしスペインのファシズムには同じことは言えず（フランコは軍人で軍部の反乱という形で政権をとった。）これ一つだけで日本をファシズムから除外するのはいきすぎでしょう。逆にファシズムの特徴の一つとして軍の政治関与の大きさ（軍国主義）を挙げることができるでしょう。軍部独裁または軍事政権とまでは言えないとしても。むしろ独・伊・西に比べると日本は「個人独裁」という面で弱い気がします。昭和天皇は、ムッソリーニ・ヒトラー・フランコにあたるような独裁者ではありませんでした。（これは彼が「立憲君主」だったので政治責任がないとか、平和を求めていたので戦争責任はないとかいうことではありません。）問題の時期には天皇の「不可侵性」は強調され、彼の権力と権威は日本の「ファシズム」の確立におおいに寄与しましたが、それでもムッソリーニ・ヒトラー・フランコとは違う性格を持つことは確認できるでしょう（この面を強調して論じているのが、丸山眞男の有名な論文「超国家主義の論理と心理」（『丸山眞男集第三巻』岩波書店、一九九五、です）。

次に「自由主義の排斥」はわかりにくい言葉です。「自由主義」という言葉は多義的で、使わないことを勧める語の一つですが、次の「議会制の否認」にひきよせると政治上の「自由主義」、前の「経済の統制」と合わせて考えると経済上の「自由主義」が念頭におかれていることになりますが、事柄そのものとしてはどちらの自由主義の「排斥」もファシズムに当てはまります。前については既に述べました。後の意味では、古典的な資本主義的「自由主義経済」を排斥して国家による統制経済がファシズムの特徴の一つと言ってよいでしょう。戦時中の日本も勿論これに含まれます。ここで問題なのはむしろ、古典的資本主義の否定という意味では、計画経済のソ連のことはひとまずおくとしても、ニューディール体制下のアメリカとの関係はどうか、ということです。さきほどみた教授資料でも、世界恐慌（一九二九）後に「それぞれの国家はさまざまな形の対応を行ったが、国民の総動員・権力の集中という点ではほぼ共通の方向性を示していた」と指摘していました。しかしアメリカなどはふつうファシズムとは言われませんから、経済体制以外のところに違いを求めるか、経済体制の中でも違いをはっきりさせるかどちらかになります。私としては後者を重視し、ファシズムの経済体制は「資本主義的統制経済」とし、これは「計画経済」や「経済計画」とは異なるもの（ただし連続性はある）と規定したいと思います。

次に外交面です。『広辞苑』の「侵略政策」に対し、『教授資料』の「植民地の再分割を主張する侵略的軍事行動」はより精密です。「侵略政策」ならアレクサンドロスもカエサルも、始皇帝も秀吉も行いました。「植民地の再分割」をめざすファシズムは、まさに帝国主義時代（帝国主義とは、「十九世紀末頃に始まった資本主義の最後の段階。〔…〕資本の輸出が特に重要性をもち、国際トラストによる世界分割が始まり、資本主義列強間の領土分割が完了している段階で、資本家階級と労働者階級との間、資本主義列強間、資本主義列強と植民地・従属国との間の矛盾が最大限に激化していることを特徴とする」『広辞苑』。）の体制です。

最後に思想面です。「国粋的思想を宣伝」というのが該当します。無論日本にもあてはまります。

## 4　ファシズムの四つの特徴

以上の考察をふまえ、挙げた資料では扱っていないことも含めて、ファシズムの特徴を四つの面にまとめてみます。①ａ民主主義の形骸化。絶対権力者を中心とする少数勢力の独裁が制度化されていること。ｂこれに反対する権利の否認。政治活動・思想・信教などの自由が否定または制約されること。反対者を抹殺または弾圧するために、あるいは私的な（突撃隊、暗殺団、「革新将校」など）、あるいは公的な（ゲシュタポ、特高警察など）テロル（暗殺・拷問・虐殺・クーデタ）が制度的に行われること。②統制経済が行われ、労働運動は禁止または統制され（その一方で社会保障が行われ）、配給制や物価統制があり、私的所有と利潤の追求は否定されないが国益の名で市場経済や営業の自由は制限される。③植民地の拡大を追求し、このため他の強国との戦争の勝利を大きな国家目的とし、軍備を拡張し、軍部が政治の上で大きな力を持つ。植民地を商品と資本の輸出先、安い労働力と資材などの供給地とし、ブロック経済体制をとる。④自らの国家・民族・人種などを優秀とするイデオロギーで国民をマインド・コントロールし、他の国民・民族・人種などを攻撃・搾取・支配する。平等を否定し、カリスマ的支配者を頂点とした権力構造が人間の優劣によるものとして正当化され、暴力を含む「力」や「強さ」が崇拝される一方、国家目的に無用とされるもの（心身障害者・同性愛者など）がしばしば抹殺される。

## 5　ファシズムの本質は何か

さて、このようにファシズムの特徴を四つに分けてみましたが、これらの関係はどうなっているのでしょうか。分析の後には総合が必要です。四つのどれかは他のどれかから出てくるものなのか。つまりどれがより根本的な要因なのでしょうか。

ここで既に（単なる実証的史実の問題をこえた）社会観・歴史観の問題が現れてきます。ファシスト自身の観点からすれば、④が本質であり、他はそれを実現するための手段として出てくるものとなりそうです。しかし「ファシズム」という現実が何であるかは、ファシストたちがそれをどう考えているかとは、同じとは限りません。観念史観（英雄史観）に立てば、ファシストという人々が現れて彼等の観念である

「ファシズム」が現実（歴史）を動かした根本の力だ、ということになります。これは「根本の」という一語を除けば真実ですが、この一語は実証できる史実でなく解釈（思い込み）です。ではなぜ彼等はその時代に現れたのか、なぜ彼等の考えはあるところでは受け入れられ、あるところ（たとえばフランス）では、（現れても）受け入れられなかったのか、という疑問を出すと、合理的には（、つまり「神」「悪魔」「偶然」といったたぐいのものを持ち出さずには）答えられなくなります。

マックス＝ヴェーバーの見方はより複雑です。彼は、通常人を動かすものは**利害**だが、歴史の転換点では**理念**が、思想と行動の新たな枠組みをつくるとします。またこの理念の作り手としては、カリスマ的思想家を挙げますが、その思想が実現するにはその「共鳴板」として特定の社会層の存在を条件として挙げます（マックス・ヴェーバー「世界宗教の経済倫理序論」『宗教社会学論選』大塚・生松訳、みすず書房、一九七二、五八頁、他）。単純な観念史観・英雄史観よりも柔軟で説得力がありますが、やはり疑問が残ります。「日常」と「非常」、「指導者」と「大衆」の関係が、確かにその区別はあるものの、二元論的すぎはしないか、実際にはもっと混然としているのではないか、というのが第一の疑問です。つまり「心底からの」ファシストは百パーセント「理念」で動いたとしても、（まったくの便乗組のことは言わなくても）普通のファシズム支持者は、そこに利害を持ったからこそそれを理念としても支持したのではないでしょうか。そして「理念的」ファシストも、本人は意識していなくても、なんらかの利害関係が、彼にその理念を信奉させる原因になったのではないでしょうか。少なくとも（ある個人においてでなく）社会現象としてのファシズムの成立を考えると、ファシズムの思想がファシズムの体制をつくったというより、ある物質的利害関係からくる力がファシズムの思想と体制を生み出した、というほうがより本質的であると、私は考えます。繰り返して言えば、たとえば「ゲルマン民族の優秀さ、したがって彼等が世界を指導（支配）する使命」といった理念に共鳴した人々の多くは、その理念を支持することが彼等の利害に都合がよかったからこそそれを支持した、ということです。ではその利害とは何だったのでしょう。

## 6　世界恐慌

ここで、『広辞苑』が「第一次大戦後、世界の資本主義体制が危機に陥ってから、多くの資本主義国に出現」とし、『教授資料』が世界恐慌（一九二九）後に「それぞれの国家はさまざまな形の対応を行ったが、国民の総動員・権力の集中という点ではほぼ共通の方向性を示していた」が、その「中で、ドイツ・イタリア・日本といった新興資本主義国家においては、国内における対立、先進資本主義国家との経済的対抗の困難などを乗り切るために、よりドラスティックな方法を選んだ」としていることが役立ちます。第一次大戦後、特に世界恐慌（一九二九）後に「世界の資本主義体制」がかかえた最大の問題は失業問題です。この意味でファシズムが支持された最大の理由は、それが失業問題を（ある意味で、またある程度）解決したことです。ただしそれはファシズムだけではありません。「国民の総動員・権力の集中」あるいは国家による経済政策という点では「共通の方向性」を持ちつつ、「それぞれの国家はさまざまな形の対応を行った」わけです。すなわちアメリカではニューディール、イギリスやフランスではブロック経済というように。

では世界恐慌後のアメリカなどとファシズム諸国の経済政策における違いは何なのか。ここで特徴②が③と結び付きます。すなわちファシズム諸国は経済危機を（すなわち大衆の貧窮や不満を）植民地の再分割への（すなわち軍拡と戦争への）公然とした道によって突破しようと図ったわけです。（ここからより民主的な経済計画でなく専制的な統制経済への移行という違いも導かれます。）ドイツはドイツ民族の「生活圏〔Lebenslaum〕の確保」という標語でその侵略を合理化しました。日本のファシズムを推進した軍人に東北の農村出身の者が多かったことはよく知られています。長い不況の最大のしわ寄せを被った彼等は、「満蒙〔満州・内蒙古〕は日本の生命線」という標語でやはり国外に突破口を求め、「僕も行くから君も行け、狭い日本にゃ住みあきた」とばかり侵略に進んでいったのです。

## 7 イデオロギー操作

しかし利益を求めての戦争も、他からの批判や自らの犠牲を伴います。そこで特徴の④、すなわち国粋主義、排外主義、人種主義といったイデオロギーとの結び付きが必要となります。ドイツなら、（「悪の」）ユダヤ人を根絶し、（「劣った」）スラブ系民族は奴隷化すべきだという思想が、東方への侵略を正当化しました。対イギリスやフランスはと反問されれば、それらの諸国は国際ユダヤ資本に操られている、というのがナチス・ドイツの宣伝でした。（イタリアは古代ローマの神話を持ち出しました。）そして日本は、周知のように、我が国は「万世一系」の「天皇を中心とする神の国」であるという「万邦無比」の「国体」によって特別すぐれている、というマインド・コントロールを行ったわけです。

## 8 まとめと日本の問題

特徴の①は、これらすべてに必要なものとして求められ、現れ、確立します。すなわち経済統制にも、戦争政策にも、思想統制にも、独裁政治が必要です。ファシズムは、「独裁」それ自体を求める狂人とそれに操られる「衆愚」によって生まれるような、単純な現象ではありません。

以上でファシズムの本質について、簡単にまとめてみました。少なくともあと二つ、①米・英・仏がファシズムにならなかった要因、②スターリン体制下のソ連とファシズムの関係、についてはもっとつっこんで考えるべきですが、余裕がなくなりました。最後に現在の日本の問題に戻りたいと思います。そこでファシズムへの動き、またはその土台になり得ると思われるものを挙げてみます。①構造的な不況が続き、失業者が多くなっていること。②旧「東側」諸国の瓦解や資本主義化等により、ファシズムへの対抗勢力の一つであり、現実の危機を打開する一つの希望と思われていた旧左翼の力が落ちたこと。③選挙法の改悪（小選挙区制）や通信傍受法（警察による盗聴）など、民主主義を破壊する政治が進んでいること。④ガイドライン法（戦争準備法）が通り、海外派兵を可能にすることを最大の眼目とする憲法改定の動きが進んでいること。⑤国家による教育統制が強まる（国旗・国歌の強制、教育基本法改定や「自虐批判」教科書の出現）の一方で、弱肉強食や暴力を正当化したり美化したりする思想が広まりつつあること。

これに対しファシズムを阻止できる要因も、戦前と比べ大きくなっていますが、そちらの列挙はやめておきます。いま何をなさなければならないか、各人に何ができるかの問題とともに、ぜひ自ら考えてみてください。

## 第二節　ファシズムの「かっこよさ」について

### 1　この節のねらい

どうしたらファシズムの復活を防げるかということは、いま私達が最も考えなければならないことの一つである。この意図から前節では、「ファシズムとは何か」が検討された。続いてはファシズムの原因を探り、そこから防止策の考察につなげるべきであろう。しかしここではそれを全体的に行うのでなく、範囲と観点を限定することにしたい。すなわち少なくない人々がなぜファシズムを支持した（支持する）のか、という心理面からの考案であり、特に彼らがそれを「かっこいい」と魅力を感じたのではないかということ、つまり審美上の心理面からの考察である。

これはファシズムの経済的原因や政治的原因の追求は無用ということでは勿論ない。それらはおおいに必要である。しかしこうした心理面からの考察も必要であろう。ファシズムは自然現象ではなく、ある心理状態を持った人間たちが意識的に生み出し、あるいは支えた運動であり、制度であるからである。

それだけではない。ファシズムは単なる独裁一般とは異なる。血筋で王座に着いた暴君の支配ではない。軍部や武装した少数派の僭主政治ではない。ドイツでは多数の党員を擁したナチス党が選挙で第一党になって政権を握ったものであり、反対派への弾圧もあったが末期まで多くの国民の支持を得ていた。イタリアのファシスタ党は軍事力を背景に権力についたが、やはり多くの国民の支持を背景にしていた。それゆえ国民がなぜ彼等を支持した（支持する）のかを直視しなければならない。

勿論、彼等を支持する心理の第一を占めるのは、審美的なものでなく実利的な動機であろう。たとえば彼等は失業をなくす（なくした）、それゆえ彼等を支持することが得だ、といったものである。こうした損得の考量は（打算的という意味であっても）理性で行われるものである。（そして理性的に批判できるものである。）しかしファシズムの心理で特徴的なのは、こうした理性を超えた、理屈抜きの、つまり感覚的あるいは心情的な信奉であるように思われる。それを私は「審美的」と言いたいのであるが、ここで取り上げるのはファシズム支持におけるこうした審美的心理についてである。

ファシズムの審美的魅力とは何か。それは「かっこよさ」なのではないか、というのが私の仮説である。つまり「かっこいい」がゆえにファシズムを支持した（支持する）人も少なくないし、（それが第一とは考えないが）それは無視できない要因の一つなのではなかろうか。ではファシズムはどのように「かっこよい（よかった）」のか。

## 2 「かっこいい」という言葉

しかしここで私はためらうが、それは「かっこいい」という言葉が、ファシズム全盛期にはなかった、新しい言葉だということからくる（奥山益郎（編）『現代流行語辞典』（東京堂、一九七四、によれば、一九六三年、青島幸男がつくり、ハナ肇とクレージーキャッツがテレビではやらせた言葉である。『広辞苑』では第五版（一九九八）、『日本国語大辞典』では第二版（二〇〇一）がはじめてとっている。）

またファシズムの審美的魅力を表すのに、この言葉はやや軽い印象も与える。けれども私はあえてそれを使うことにするが、その最大の理由はよりよい言葉がみつからないことである。また「軽さ」という弱点にも反面の利点があるかもしれない。というのはこれからのファシズムがある人々の魅力となるとしたら、それは今までより「軽い（ライトな）」ファシズムという外観を帯びそうな気もするからである。

戦後日本で（仮にファシストとまでは言わないとしても）ファシズムと重なる面を持つ人物として言われることがあるのは三島由紀夫と石原慎太郎氏とであるが、彼等の（ある人々にとっての）審美的魅力を表現する言葉として「かっこいい」ははずれていまい。

そこでファシズムにおける「かっこよさ」とは何か。「かっこいい」ものはファシズム的であると言えるのか。私達は「かっこよさ」に対してどういう態度をとればよいのであろうか。

### 3　制服

ファシズムの「かっこよさ」としてまず思いつくことは、その**制服**である。

イタリアのファシスタ党は「黒シャツ隊（カミーチア・ネーラ）」という別名を持った。由来はガリバルディの千人隊の「赤シャツ」まで溯れる。文人ファシストのダヌンチオがこれを参考に自分の私兵一〇〇〇を黒シャツで統一し、一九一九年に係争地フィウメを実力で占領したことがあった。更にこれを踏襲したのがファシスタ党の実力者となるイタロ＝バルボで、一九二一年ファシスタ党の結成とともに、党員の制服となった。「ムッソリーニはイタロ＝バルボのアイディアを全戦闘ファッショに適用することにより、バルボら年若い仲間の歓心を買い、巧みに地位の保全を図ることが出来たのであった。」（木村裕主『ムッソリーニ　人と思想一三〇』清水書院、一九九六、八三頁）

制服は「かっこいい」か？　この問いに答えるために問いをより広くすれば、制服の審美的魅力は何か、となり、更に広くは制服の心理的効果は何か、となる。すぐわかるのは、制服がある組織に属しているしるしということである。それは専門家としての「信頼感」を与え、個人を超えた「力」の存在を感じさせる。それがある人々には「魅力」となることは了解できるが、それを超えて「かっこいい」とまではふつうの人は思うまい。仮にたとえばスチュワーデスの制服を「かっこいい」と思う人は、まずスチュワーデスという職業をそう思っているからという面のほうが強く、制服一般を「かっこいい」と思っているわけではあるまい。一般的には制服など着ない「一匹狼」のほうが「かっこいい」と思われるかもしれない。

してみると制服は近代の官僚制を象徴しているとも考えられる。それは近代個人主義に対立する。そして私は官僚制を悪とは考えない。ただし付け加えなければならないのは、官僚制と官僚主義とは異なるということである。両者の違いは制服と「制服フェチ」との違いに対応すると言えようか。すなわち制服そのものは悪ではないが、制服フェチは病である。彼等が制服にみているものは単なる専門性や組織の力ではない。すなわち主体としての個人が専門性を帯びたり組織に属したりしているというのではなく、組織のほうが個人を縛り個人のほうは己れを超えたものの力に服従し献身してその「化身」となるのを、彼等は望んでいる。それはセーラー服を着た女子高生かもしれないし、商社なり銀行なりのＯＬかもしれないが。フェチすなわちフェティシズムとは本来「物神崇拝」の意味であるが、制服フェチはまさに物象化された意識であると言えよう。

制服の「かっこよさ」がこうした個人を超えた力の魅力にあるとすれば、それを最も強く示すのはやほり**軍服**である。（「危険に立ち向かう」という面では消防士なども共通するが、これは権力の要素を欠くだけ弱くなる。警察官はその中間と言える。ヤンキーの「特攻服」なども同様。）すなわちファシズムの「かっこよさ」はかなり軍国主義のそれからきている。「個性」や「主体性」を最も超越するものは、死の威力である。それはまず命令への絶対服従であり、更に死の覚悟である。それは「かっこいい」のか？　いや、それがある人々には「かっこいい」のはどういうことなのか？　フロムは「自由からの逃走」の心理を分析した。本音の部分では確かに個性や主体性を放棄し、誰か（特に「指導者」たる英雄）に決定してもらい命令してもらったほうが「楽だ」というのは了解可能である。また大義のために個人的な個々の欲望や生命そのものさえも捨て去ることは、「かっこいい」と言えなくはない。ここからこれらの放棄そのものを（個人の思考と判断すなわち「小賢しい言挙げ」なしに）美化していくのが、審美的軍国主義のイデオロギーであろう。（日本における初期の与謝野鉄幹〜日本浪漫派〜三島由紀夫の系譜、評論家としては小林秀雄〜江藤淳などにこの側面がみられる。）

ナチス党員の制服に話を進めよう。突撃隊は褐色の制服を身につけた。親衛隊（SS）は髑髏の印をつけた黒い制服を着た。ネクロフィリアが感じられる。ゲシュタポの制服は、「黒が基調として選ばれていた。『制服を着ていても平服を着ていても彼らは長靴と乗馬ズボンをはくか、あるいは黒皮のコートに黒手袋、黒メガネという服装で、見るからに不吉な印象を与えた』とロージァ・マンヴェルは言う」（草森紳一『ナチス・プロパガンダ絶対の宣伝⑧煽動の方法』番町書房、一九七八、一一頁）。サディズム的傾向が現れており、サディスティックな人には「かっこいい」のであろう。そうでない人には「不吉な」もので威圧感を覚えるであろうが、「力」を求める人にはまさにその威圧力こそが「かっこよさ」なのであろう。アラン・ワイクスは言う。「ドイツ人は、もともと質素で実用性を好む人種なので、豪華さよりも地味なもので満足していた。しかし、彼らが制服を国家組織のなかの文化・政治・軍と準軍事的な支流にひろげた心理的な綱のひろさにおいては、これに比肩できる国はなかった。〔…〕とるにたらない党員の徽章のごく小さなデザインの一部についてさえ、ヒトラーの承認が必要であった。それも、しばしばヒトラーの手で変更が加えられてから承認されるという有様であった。そして、この変更は、心理的効果をねらったものであった。ヒトラーは、人間の心の中には、世間からはみださないと同時に、その枠内で自分を目立たせようとする基本的な願望のあることを知っていたのである」(アラン・ワイクス「暴虐のシンボル」『ナチ独逸ミリタリー・ルック』サンケイ新聞社出版局、一九七二、草森紳一著、前掲書、二四－二五頁による)。草森紳一氏は、このワイクスの指摘を認めつつも、彼がこれらを「暴政のシンボル」とか言っても欺瞞を感じるという。ナチスのミリタリー・ルックへの関心に便乗しながら「うしろめたさを補償するため」そんな言い方をしていると批判するのである(同書、三三頁)。これは日本語版を出した新聞社にもかけられ得る嫌疑であろう。ワイクスが指摘した人間の「基本的な願望」に注目して、草森氏は「この願望こそが、戦争の原動力の背景をなすのではないか」と自問する。そして次の一句はきわめて示唆的である。「かっこいいと人が憧れるもとのものは、このような一般的な平凡人の心の中にこそあるといってよい。」(草森紳一『ナチス・プロパガンダ絶対の宣伝④文化の利用』番町書房、一九七九、二九七－八頁)(強調は引用者)

## 4　スポーツ

「かっこいい」ものと言えばスポーツである。

ファシストたちはスポーツを最大限に利用した。

ナチス・ドイツの「青少年学校体育規定」(一九三七)では四つの標語が挙げられている。第一は服従と秩序の精神による個人主義の克服である。第二はこどもの運動本能を闘争心に導き国防力の基礎にすることである。第三はスポーツによる肉体の美と能力において、世界に冠たるドイツの誇りを意識させることである。第四に勇気と献身の覚悟を持った指導者を選抜することである(同書、二九八頁。ここで私達は「体育会系」学生を好んで採用する企業と、「企業内ファシズム」の問題に思い至らざるを得ない)。この規定の公布後学校の体育は増やされた。しかも実に巧みなのは、幼年時代は測定結果や勝敗を競わせなかったことである。スポーツが抑圧にならないように配慮し、遊びとして始めながら次第に心身を「鍛えて」ゆき、ついには軍事訓練と一体となる体育システムをつくったのである。ナチスがスポーツに求めたものは「人間の頭をからっぽにすること」であり、ロボット化された人間の大量生産であるという

一九三四年、イタリアはサッカー・ワールドカップ大会の主宰国となった。元アルゼンチン代表選手にイタリア国籍を取得させるなど、強引なチーム強化を行い、地元に有利な判定をさせ、優勝をもぎとった。

一九三六年、オリンピックのベルリン大会がナチス・ドイツの「国威発揚」の場となったことは周知のことである。リーフェンシュタール監督による映画「民族の祭典」「美の祭典」によって二重に利用された。

ではスポーツはファシズム的なのであろうか。勿論そうではない。ではどのようなとき、それはファシズム的になるのであろうか。第一に、それが健康的な楽しみという本来の性格を越えて、力または強さを過度に追求するときである。確かに遊びには勝敗または優劣を競う要素があっておもしろくなる。しかしそこには制約があり、どんなことをしても勝とうとすることはかえって楽しみをぶちこわす。競技規則に違反しないことは当然であるが、たとえば薬物の禁止はなぜか。勝ちさえすればよいのでなく、それが参加者の健康を損なうようでは意味がないからであろう。現在のスポーツはかなり勝利至上主義に汚染されているが、当面その共犯者はファシズムであるよりも商業主義または資本主義である（カネ

のためのスポーツ)。それがファシズムと結び付くのは「国威発揚」の具にされるときである。実のところ、私は愛国心は必要と思っており、「お国自慢」は自然な感情であり、オリンピックの報道を自国中心でないようにせよというなら偽善的で馬鹿げた要求と思う。しかしこうした自然な身びいきを越えて、過度に自国の「優越」や「勝利」を求め、その感情を煽り立てるならば好ましくない。本来オリンピックは国家間の争いではない。旗や歌も「選手団の」ものと規定されており、国旗や国歌でなくてもよいのである。おもしろい試合そのものを楽しみ、すばらしい演技には「敵側の」ものにも魅了される、これもまた自然な感情であって偽善的なことではない。では国威追求的ファンの心理はどこからくるのか。個人としての自己の不安感と無力感がその根底にある。それを代償するため、「自分の」国の優越と勝利により、自分の力が増したように感じ、自分が「強い」ものに属していることで誇りと満足を得ることによる。これに対し心理面ではどう対処すべきか。一つは個人としての「自己」を強めることではあろう。ファッションや髪形や喋り方を真似てもあんたは安室奈美恵でもアユやキムタクでもない、と言うことか。それも悪くないが、自分はどんな先人もめざしていない、むしろめざされるタレント(スポーツ選手、実業家、政治家、等々)になりたい、というつわもの(「超人」志向)には効果がない。資本主義は、一面では個的実存を無力にするが、他方ではたえず人格を物件化し、すなわちそれが目に見えるセールス・ポイント(「ウリ」)なしでは無価値なものとする威力である。後者の側面に対しては、「一寸の虫にも五分の魂」、すなわち、どんな人にも幸せを求める権利があり、平凡な生活にも貴い輝きがあるということを、示していく必要があるであろう。

スポーツはすばらしい。すばらしいだけに、その悪用に気をつけていないと危ない。

## 5 儀式

儀式そのものは「かっこいい」とは限らない。しかし共通性はある。理性をこえたものであること。特に批判的にうだうだ論じられることの対極にあることである。ファシストたちは儀式を「かっこいい」ものにすることに気を使った。一九二六年、ヴァイマールの国民劇場にて行われたナチス第一回大会で、腕をサーット差し伸ばす挨拶が始められた（ムッソリーニの真似）。一九二七年のニュールンベルクで（以後も）行われたナチス第二回大会では、はじめて褐色シャツの制服に統一された一万五〇〇〇の隊員がパレードした。「ヒットラーは、スケールの、人におよぼす力をよく知っていた。四〇万の観客を収容するニュールンベルク・スタジアムの設計を若き建築家シュペールに命じ、一九三七年には定礎式を行っている。『なぜ常に最大であらねばならないのか？　それは、一人一人のドイツ人に自尊心を取り戻してやるためである。』とヒットラーは言った」（同書、口絵キャプション）。

## 6 裸

裸そのものは「かっこいい」とは限らない。しかしあえて裸になることには「かっこよさ」があるかもしれない。そしてファシストたちは「かっこいい」裸を利用しようとした。

はじめ意外に思われるが、ナチスは「ヌード」を抑圧せず、むしろ好意的に扱った。「もともとは建築家であったパウル・シュルツェ＝ナウムブルクが〔…〕女性の衣服の批判者として登場してきたのは世紀の変わり目であった。〔…〕それ自体は必ずしも間違っているわけではない女性の衣服への批判的視点は、身体の自然さを目指すかぎり本来なら進歩的、あるい〔は〕近代的であっていい筈だが、シュルツェ＝ナウムブルクの場合には、自然とか健全とかいう観念が民族的な保守主義と結びついていくことなった。〔…〕彼はまもなく過激な民族的あるいは人種的な文化論者になり、ついには『芸術と民族』（一九二八年）で、その時代の前衛的な芸術のデフォルメされた身体と精神病者を併置してその類似を説くにいたり、こうして〔…〕、ナチの時代をひらく文化イデオローグの代表的人物のひとりになったのである。この対比法はいまからみると随分幼稚な方法だが、のちにナチが悪名高い『退廃芸術展』（一九三七年）をひらいたときにも使った手法である」（多木浩二『ヌード写真』岩波新書、一九九二、一三七頁）。

ナチスのヌードは「体育会系」のヌードである。ファシズムの「身体経験は一見すると体育運動の延長にあり、身体は強調するが、反対に『性的欲望』あるいは『性的身体』としての存在は抹消する方向にあった」（同書、一四〇‐四一頁）。この最後の文はファシズムの一つの本質的特性として重要である。他の例として二つ挙げておく。①ニーチェ：「男女同権のために戦うなどとは、病気の徴候でさえある。〔…〕いかにして女を治療すべきか？〔…〕子供を生ませることだ。〔…〕女性解放――それは一人前になれなかった女、すなわち出産の力を失った女が、できのよい女にたいしていだく本能的憎悪だ」。（『この人を見よ』岩波文庫、八九頁）、②石原慎太郎：「女性が生殖能力を失っても生きてるってのは、無駄で罪ですって〔松井孝典東京大学大学院教授が言っている〕。なるほどとは思うけど、政治家としてはいえないわね（笑い）」（『週刊女性』二〇〇一年一一月六日号「石原慎太郎東京都知事吠える！」）「この間すごい話をしたんだ、松井さんが。私は膝をたたいてその通りだと。女性がいるから言えないけど……。」（「都政新報」二〇〇一年十月二六日付、同二三日の「少子社会と東京の未来の福祉」会議での発言）（なお松井氏の発言意図のまったくの歪曲である。）ちなみにナチス・ドイツでは母の日に多産の母親に名誉十字勲章が贈られた（グルンベルガー

『第三帝国の社会史』池内光久訳、彩流社、二〇〇〇、九六頁。ファシズムの審美的性格に対するジェンダー論からの批判としてはモッセ『ナショナリズムとセクシャリティ』柏書房、一九九六、も参照)。「ヌーディズムあるいは自由身体文化運動から生まれたヌード写真」「に男性のヌードが多いのは、潜在的にホモセクシャルな傾向があったことを意味していたかもしれない。女性のイメージは性的でないから、ピン・アップのように性的な誘惑を振りまくことはなかった。これは女性を尊重してのことではなく、女性の性が生殖能力だけに固定されていたからである。

「ナチが支配の座についたとき、このヌーディズムは最初は拒否されるが、ヌーディストたちはその思想がもともと民族主義的文化に支えられていたからナチの登場には賛同の意をもっていた。ナチはナチでドイツ人の身体の理想の美というものを想定していたから、一旦は否定したもののやがて当然のごとくヌーディズムを受け入れ、ナチの身体の政治学のなかに統合してしまっても不思議ではなかった」(『ヌード写真』一四一頁)。(同書、一四二－三頁)。

## 7　健康

ファシズムのヌードは「健康美」の礼讃であった。「かっこいい」ものは、勿論健康的なものである。「健康」もまたそれ自体としては文句のつけにくい、いや肯定すべき価値であり、したがってそれを押し出されると人々が、とりわけ「退廃的」なものに危機意識を抱いていた生真面目な人々が待ち構えていたように迎えたのは、不思議ではない。それが凶器に転じるのは、やはり「力」や「強さ」への自己目的化につながるとき、そして「病的」「不健全」なものの一方的な決めつけとその撲滅に向かうときである(こうした優生学的な修辞法はニーチェと共通する。なおニーチェについては、拙著『共感の思想史』

創風社、二〇〇六、を参照）。ヒトラーお気に入りの映画家としてナチズムの宣伝に貢献したリーフェンシュタールは言う。「私が魅力を感じるのは美と強さと健康的なもの」。「写実一辺倒の人生の断片ていうのかしら、平均的で月並みなものには関心がない」（スーザン・ソンタグ「ファシズムの魅力」〔一九七四〕『土星の徴しの下に』富山太佳夫訳、晶文社、一九八二、九九頁より）。「月並み以下」とされた者——たとえば障害者——がナチスによって「安楽死」させられたことはよく知られている。（なお障害者施設を見学した石原都知事が「こういう人達にも人格ってあるのかね？」と発言したことは一般紙でも伝えられたから覚えている人もいよう。彼がその後オリンピックの招致に力を入れていることも）。

哲学者の鶴見俊輔氏は、小学校のクラスで一番背が低く、痩せていたが、健康を強制されて育ったのがつらかったという。「軍国主義時代、弱い子どもは阿鼻叫喚の中にいた」。映画「キャバレー」で、ヒトラーユーゲントが歌うと、わきで聞いていた初老の弱々しい男たちがシャキッとしてくるのは「ナチスが健康を強制することを描いている」。鶴見氏は、「人に健康を強いない道」を政治の理想と考えている（『朝日新聞』一九九六年十二月一八日、夕刊）。

## 8　私達の問題

スーザン＝ソンタグは言う。「ファシスト美学は〔…〕一般に統制、服従行動、法外な努力、苦痛の忍耐などを必要とする状況に魅了されるところから出発し（そして、それを正当化し）、一見対蹠的な自我崇拝と隷従とを是認してしまう。支配と隷属は独特のページェントを通して表現される——いわく、人間集団のマッス化、人間のモノ化、物の増大あるいは複製化、人を陶酔させる絶対力をもつ指導者像あるいは権力のまわりに人と物を統合すること」（スーザン・ソンタグ、前掲書、一〇五－一

○六頁)。

ファシズムはわかりやすい。難解なごたくを並べず、一目でパッとめだち、グッと心をとらえる。そしてそれが目立つのは、無秩序によってではない。英雄や指導者はしかるべく先頭に立って目立ち、大衆はしかるべく服従と規律の力によって、かえってその力を自他に示す。そこには曖昧さがない。迷いや疑いという病的退廃を断ち、決断力と行動力でスポーティヴに生きる。それは虚飾を捨て、裸で勝負する。弱さは敵である。弱者は同情されるべきでなく、しかるべく素直に支配されるか、しからずんば断固として駆除されるべきである。

ファシズムはかっこいい。

もしファシズムが悪いものなら、私達は、「かっこいいというようなのにろくな奴はおらん」(『巨人の星』における星一徹のせりふ)と正面から否定するべきであろうか。それとも「かっこいいとはこういうことさ」(『紅の豚』のせりふ)と別の「かっこよさ」を示すべきであろうか。

# 第三章　ソ連論

## 第一節　ソ連史略説

### 一　レーニンの時代

**1　二月革命**　第一次世界大戦（一九一四―一八）に参戦したロシアはドイツに対し敗戦を重ね、また戦争の長期化とともに食料や物資が欠乏したので、民衆の不満が高まった。一九一七年三月（ロシア旧暦二月）、首都ペトログラードで、労働者はパンと平和を求めて総罷業を行い、鎮圧に向かった兵士もこれに合流して**ソヴィエト**が再結成された。「ソヴィエト」とはロシア語で「会議」の意味であり、一九〇五年の第一革命のときにはじめてつくられた民衆の自治組織であり、フランス革命の「コミューン」にあたる。この情勢に国会（一九〇五年につくられたロシアの国会は普通選挙でなく階級別による不平等な選挙であり、また立法権その他のない諮問機関）では立憲民主党を中心とする臨時政府がつくられ、皇帝ニコライ二世（Nicolai II, 位 1894-17）は退位し、ロマノフ朝は終わった（**二月革命**）。

そこでソヴィエトと臨時政府の二重権力状態が生じたが、資本家階級を基盤とする立憲民主党の政府は戦争をやめなかったので、民衆の人気を得られなかった。四月に亡命先のスイスから帰国した**ボリシェヴィキ**（ロシア社会民主労働党左派）の指導者**レーニン**（Lenin, 1870-1924）は、「四月テーゼ」を発表して、戦争中止の政策、労働者と農民の同盟の戦略、「すべての権力をソヴィエトへ」という方針を出し、ソヴィエト内の多数の支持を得た。これに対して臨時政府はメンシェヴィキ（ロシア社会民主労働党右派）と社会革命党を入閣させ、七月には社会革命党のケレンスキー（Kerenskii, 1881-1970）を首相にしてボリシェヴィキを弾圧した。この情勢に乗じて一挙に帝政の復活をめざしたコルニーロフ将軍の反革命軍が反乱を起こし首都に迫ったが失敗し、この平定に活躍したボリシェヴィキが勢力を回復した。

## 2　十月革命

一七年十一（ロシア旧暦十）月七日、ボリシェヴィキはペトログラードで武装蜂起して臨時政府を倒した。臨時政府は抵抗をあきらめたので、これは武力革命ではあるが無血革命であった。八日の第二回全ロシア＝ソヴィエト会議で、社会革命党とともに「労働者・農民の政府」の樹立を宣言した（**十月革命**）。

新政府は、さしせまった課題として、「平和に関する布告」で、即時停戦と、無賠償・無併合・民族自決の原則による講和を呼びかけた。また「土地に関する布告」で、地主所有地の無償没収をうたった。さらに国内の少数民族に民族自決権を認めた。一八年一月の第三回全ロシア＝ソヴィエト会議では、新政権の基本方針として、「勤労被搾取人民の権利の宣言」を採択した。

しかし同時に行われていた憲法制定議会の選挙では、農民を基盤とする社会革命党が第一党となり、この議会はソヴィエトの「宣言」に反対したので、再び二重権力状態が生じた。そこでソヴィエトはこの議会を解散させた。

一七年十二月、新政権は「平和に関する布告」に基づきドイツと講和交渉を行ったがドイツは拒否した。不利でも講和すべきだとするレーニンの方針は新政権内部で支持されず、外相トロツキー（Trotskii, 1879-1940）が、自らの提案による曖昧な態度をとっている間にドイツ軍がさらに侵攻し、結局一八年三月に**ブレスト＝リトフスク条約**を結んでさらに不利な条件でドイツと単独講和をした。

一八年三月、ボリシェヴィキは**共産党**と改称した。同三月、首都はモスクワに移った。同年七月の全ロシア＝ソヴィエト会議で憲法が採択され、一八歳以上の勤労者の男女に選挙権が認められた。

以上の**ロシア革命**は、共産主義に基づく目的意識的な革命として最初に成功したものとして、世界の共産主義運動に大きな影響を与えた。またこの政権が民族自決を唱えたことにより、各地の民族運動も刺激した。

### 3　干渉戦争と内戦

政府が土地改革や、重要産業・銀行の国有化をすすめると、地主や資本家はこれに反対し、各地で武力反乱を起こした。彼等は地方政権をつくり、メンシェヴィキと社会革命党右派もこの反乱に加わった。このため一八年六月にソヴィエトはこの両派を除名し、結果的にボリシェヴィキの一党支配になった。

英・仏・米・日の四帝国主義国も革命の波及を恐れ、軍隊を送り込んで反革命軍を支援し、革命政府の転覆をめざす干渉戦争を始めた。ソヴィエト政府は一時、国土の大半を失って苦境に陥ったが、トロツキーの指導の下に赤軍を組織して反撃に出た。

この時期政府は「**戦時共産主義**」を掲げ、農民から食糧徴発を行い、労働義務制をしき、中小企業を国有化して物資を確保した。また非常委員会（チェカ）によって反革命運動を取り締まって危機を切り抜けた。また一九年三月には**第三インターナショナル（コミンテルン）**が結成され、世界革命の推進とソヴィエト政府の防衛がめざされた。

外国軍の侵攻は国民の愛国心を高め、革命で土地を得た農民の支持も得て政府軍は勝利し、二〇年に英・仏・米は撤兵した。シベリアに派兵した日本は国際世論におされて二二年にようやく撤兵した。干渉をあきらめた帝国主義諸国は、国内労働者の革命化を阻むため、選挙権の拡大や社会保障などの改革を行うようになった。しかしロシアでは内乱と干渉戦争とにより労働者階級の大きな部分が失われ、二〇年の農業生産は戦前の二分の一、工業生産は七分の一に落ち、都市では多数の餓死者が出た。また経済・政治・文化のあらゆる面で軍事的・統制的な仕組みが強くなって帝政時代の官僚主義の遺風と結び付き、後のスターリン的独裁の土台となった。

### 4　ネップの時代

戦いの終結と統制経済への不満をみて、二一年三月の第一〇回ソヴィエト大会は**新経済政策（ネップ）**の採用を決めた。これは食糧の強制徴発をやめ、農民に余剰穀物の自由販売を認め、中小企業の個人経営を許すなど、資本主義的要素をある程度復活させるものであった。これにより経済は次第に回復し、政治も安定化した。二二年には、ロシア・ウクライナ・白ロシア・ザカフカスの四つのソヴィエト共和国からなる**ソヴィエト社会主義共和国連邦（ソ連）**が結成された。外交関係も好転し、二二年にドイツと、二四年に英・伊・仏と、二五年に日本と国交を回復した。

しかしレーニンはソ連を未だ「官僚主義的に歪められた労働者国家」と考え、共産党の書記長として台頭してきた**スターリン**（Stalin, 1879-1953, 任 1922-53）を大国主義的で粗暴な政治家として排除しようとしたが、果たさずに死んだ。

**5　文化**　抑圧的な帝政が倒れ、新しい理想社会をめざす革命政権の成立で、文化が活性化した。プロレタリア＝リアリズムの作家ゴルキー（1868-1936）など社会主義的な芸術家だけでなく、芸術活動の自由を唱えた新政府の下で、前衛的な芸術も盛んになった。

## 二　スターリンの時代

**1　独裁への転換**　二七年、スターリンは政敵トロツキーを除名（二八年国外追放）して支配権を得た。二八年、ネップにかわる第一次五か年計画が始まった。集団農場（コルホーズ）と国営農場（ソフホーズ）による農業の集団化と機械化を行い、重工業を建設することが主眼であった。都市民のための農産物調達の容易化と農村の過剰人口の解消という卑近な必要性、生産手段の社会化という社会主義の建前、そして帝国主義諸国による攻撃の抑止という恐怖感が動機であった。狙いは達成され、七割の農地がコルホーズ化され、帝国主義諸国の世界恐慌（二九年）を尻目に工業国化が成功した。三三年からは第二次五か年計画で軽工業にも力を入れて国民生活の向上を図った。こうした**計画経済**により工業生産高でアメリカに次いで第二位になった。しかし農業集団化の手法は、民主主義と社会主義に反する強制的なもので、富農および反対者を敵として迫害した（約五〇〇万の「富農」が迫害され、うち約一〇〇万が死んだ）。このために多くの犠牲者が生まれ、農業生産高はあまり増加しなかった。また商工業の国営化と農業の集団化がもたらしたのは、「生産手段の共有」でなく、その看板による、党官僚という社会層の私有であった。

こうした政策の一つの基礎は、スターリンがうちだした「一国社会主義建設」の方針であった。これはそれ自体としては、世界革命をめざす、あるいは期待する方針に比べると現実的なものであったが、スターリン体制の下でロシア民族中心主義と大国主義に転じていった。

外交上は三三年、アメリカと国交を回復、三四年、国際連盟に加入など西側と接近し、反共・反ソのナチス＝ドイツに備えた。

三六年、新憲法（スターリン憲法）が公布された。そこでは共産党による国家の「指導」が成文化され、成り行きで成立した一党支配が正当化された。また少数民族の迫害が行われるようになった。この頃党内でもスターリンは反対派を大量に粛清して個人独裁の体制をとり、レーニン時代の民主主義は党の内外で失われ、「社会主義」や「共産主義」は多くの点で名目だけとなり、「一枚岩」の特権的な党官僚が支配する国家になっていった。政治警察などによる一種の恐怖政治が行われ、反対する者の多くが強制収容所に送られた。

三四年の第一七回党大会で選ばれた中央委員および同候補一三九名のうち、七割に当たる九八名が後に逮捕・銃殺され、代議員一九六六名のうち半数の一一〇八名が逮捕された。三〇年代後半に約一〇〇〇万人が政治犯として逮捕され、うち約一〇〇万人が処刑されたと言われる。

## 2　第二次世界大戦

世界征服をねらうドイツをソ連に向けようとして、英・仏は**ミュンヘン会談**で宥和政策をとった。危機感を抱いたソ連は三九年八月、両面作戦を避けたいドイツと**独ソ不可侵条約**を結んで世界を驚かせた。

三九年九月一日、しかしドイツはついにポーランドに侵入した。三日、ポーランドと相互援助条約を結んでいた英・仏がドイツに宣戦して**第二次世界大戦**が始まった。

ドイツ軍はたちまちポーランドの西半を占領し、ソ連軍も独ソ不可侵条約の秘密協定に基づいてその東半を占領した。ソ連はさらにフィンランドに侵攻し、このため国際連盟を除名されたが、四〇年にはバルト三国も併合した。

ドイツは四〇年秋から攻撃を東方に向け、バルカン半島に侵入してハンガリー・ルーマニア・ブルガリアを枢軸国に引き入れ、四一年四月にはユーゴスラヴィアとギリシャを制圧した。独ソ関係も緊迫したので、同四月、ソ連は日ソ中立条約を結んで極東の安全を確保してドイツに備えた。はたして四一年六月、ドイツ軍はソ連を攻撃し、レニングラードやモスクワに迫ったが、ソ連軍は頑強に抵抗し、冬にはこれをくいとめた。この**独ソ戦**の開始によって英ソ関係が改善され、英ソ相互援助条約が結ばれ、アメリカもソ連に武器を供与するようになった。四二年一月には米英ソ中など二六か国によってファシズム打倒の協力を約束した連合国共同宣言が発表され、これらの諸国は連合国と呼ばれた。

この四二年の夏以降、今まで優勢を保っていた枢軸国側が劣勢に転じた。スターリングラード（現ボルゴグラード）に突入したドイツ軍もソ連軍に包囲され、四三年はじめに敗北した。スターリンは同五月にコミンテルンを解散し、米・英に西部での第二戦線の形成を求めるとともに、自らドイツ進攻を開始した。これにより連合軍は第二戦線を形成して四四年六月にはノルマンディーに上陸し、ドイツへの挟撃態勢が整った。四五年二月、ローズヴェルト（米大統領）・チャーチル（英首相）・スターリンは**ヤルタ会談**を行った。このとき米の強い要請により、ソ連の（ドイツ敗北三か月後の）対日参戦とその見返りとしての千島の領有が合意された。ソ連軍はドイツ占領下で抵抗を続けていた諸国のパルチザンとともにドイツ軍を追撃し、四五年五月、ついにベルリンを解放した。ヒトラーは自殺し、ドイツは無条件降伏した。

同七月、トルーマン（米大統領）・チャーチル・スターリンはベルリン郊外のポツダムで会談し、米・英・中はポツダム宣言で日本に無条件降伏を呼びかけた。日本はこれを無視したので、八月六日、アメリカは広島に原子爆弾を投下、八日、ソ連も対日参戦して満州に進攻したので、一五日、日本もようやく降伏して第二次世界大戦は終わった。

## 3　冷戦時代

第二次大戦でソ連は最大の被害を受けた国であるが（二〇〇〇万人以上の死者を出した）、戦勝国となり、またその軍隊でファシズム支配からの解放に協力した東欧諸国で大きな力を持つことになった。その地域では進駐したソ連軍の下に、親ソ派の勢力が政権を握るようになった。

またソ連はドイツとオーストリアを米・英・仏とともに分割占領した。朝鮮では北半分を占領し、南半分を占領したアメリカに対した。

四五年十月、連合国は世界平和のための国際連合を成立させた。ソ連は米・英・仏・中とともに安全保障理事会の常任理事国として拒否権を与えられた。

このような中でアメリカは次第にソ連勢力に対抗し、四七年三月、「トルーマン宣言」を発し、ギリシャ・トルコの反ソ政権への援助を開始し、いわゆる「ソ連封じ込め政策」を展開するようになった。六月には「マーシャル＝プラン」によって西欧諸国への援助を始め、これを拒否した東欧諸国と対立した。ソ連は各国共産党の連絡組織とされたコミンフォルムを通じてこれらの政党や政権を援助し、あるいはむしろ支配した。

こうしてアメリカとソ連をそれぞれ中心とする東西世界の対立は強まり、「**冷たい戦争**（**冷戦**）」と呼ばれるようになった。

四八年二月、チェコスロバキアでクーデターが起こって共産党が支配権を握ると、英・仏・ベネルクス三国は西ヨーロッパ連合条約を結んだ。同六月、米・英・仏はドイツの支配部分で通貨改革を行ったので、ソ連はベルリンの経済封鎖で対抗したが、西側三国の空輸によって失敗した。

東欧ではティトーら主に自力で解放を勝ち取ったユーゴスラヴィア共産党は干渉を嫌って独自の路線を歩んだので、四八年、コミンフォルムから追放された。しかし他の東欧諸国はソ連を盟主として四九年一月、経済相互援助会議（COMECON）を成立させた。

四九年四月には西側十二か国が**北大西洋条約機構**（**NATO**）を結成したが、これはアメリカを中心とする軍事同盟である。

この中でソ連は戦後第四次・第五次五か年計画を実行し、国力の復興を図った（一九五〇年に工業生産は戦前水準に回復したが、農業はあいかわらず停滞していた）。そして四九年に原子爆弾の製造を成功させ、アメリカによる核兵器の独占を崩した。この際ソ連は米ソの核兵器同時廃棄を提案したが、アメリカは拒否した。同年十月には内戦に勝利した中国共産党によって中華人民共和国が生まれ、五〇年に**中ソ友好同盟相互援助条約**が結ばれた。西では四九年十月、ドイツのソ連占領地域はドイツ民主共和国（東ドイツ）として独立してソ連の勢力下に入り、五月に独立していたドイツ連邦共和国（西ドイツ）に対抗した。

朝鮮では四八年に、南では李承晩を大統領とする大韓民国が、北では金日成を首相とする朝鮮民主主義人民共和国が成立し、米ソの軍隊は撤退したが、両国の対立は激しく、五〇年六月に**朝鮮戦争**が始まった。米軍を主とする国連軍と中国義勇軍が加わって一進一退となり、五一年にソ連が休戦を提案して五三年七月に実現したが、マッカーサーらアメリカ軍部はいったんは中国への原爆投下を考慮した。

## 4　文化

映画家エイゼンシュタインは新しい手法で第一革命を、作家ショーロホフ（1905-84）は社会主義建設を描き、音楽家ハチャトリアン（1903-78）なども活躍した。しかしスターリン体制の強化とともに「マルクス＝レーニン主義」という名のスターリン主義理論が不可侵の教条として押し付けられるようになり、権力による文化統制が行われるようになった。エイゼンシュタインや現代音楽のショスタコヴィッチ（1906-75）などは政治主義的な批判を受け、作品発表が制限された。

## 三　フルシチョフの時代

### 1　雪解けと自由化の開始

五三年三月、スターリンが死んだ。第一書記長になった**フルシチョフ**（Khrushchov, 1894-1971）は、決められた会議により政策や人事を決定してスターリンの個人独裁を改め、声望を高めた。マレンコフ（Malenkov, 1902-88）首相（任 1953-55）・ブルガーニン（Bulganin, 1895-1975）首相（任 1955-58）は東西対立の平和的解決をめざした。五五年、ジュネーヴの四巨頭会談でブルガーニンはアイゼンハウアー（米大統領）・イーデン（英首相）・フォール（仏首相）と話し合った。同年西ドイツが再軍備を開始したので、五月ソ連を中心とする軍事同盟ワルシャワ条約機構がつくられまた緊張が高まった。しかし六月、ユーゴスラヴィアと和解し、九月、西ドイツとの国交を結ぶなど、流れは変わらなかった。五六年十月、日本と国交を回復し、また同年コミンフォルムを解散した。国内では農業復興に力が入れられた。

五六年二月、**ソ連共産党第二〇回大会**が開かれた。そこでは、東西の「平和共存」をめざし、アメリカとは平和的・経済的に競争すること、各国が社会主義への、または社会主義における多様な道をめざすことを認めることなど、新しい方針が決定された。

この大会の「秘密報告」において、フルシチョフが**スターリン批判**を行って大きな衝撃を与えた。これを契機にスターリン時代の罪悪や誤謬の告発が続き、自由化の傾向が現れた。これは以後のソ連を動かす大きな流れの一つとなった。多くの政治犯が収容所から解放され、五六年に数百万人が解放された。

また犠牲者の「名誉回復」がなされた。しかしフルシチョフら当時の指導部はスターリン時代にもなんらかの責任を負う人々であったため、問題をスターリンへの「個人崇拝」に矮小化し、またよりスターリンに近い勢力も根強く抵抗したため、この動きは限界と反動を伴うものであった。またソ連におけるスターリン批判は、その支配に甘んじてきた東欧諸国にソ連離れの動きを呼び起こした。五六年、ポーランド・ハンガリーで反ソ暴動が起きた。ハンガリー暴動はソ連軍に鎮圧されたが、ポーランドではゴムルカ首相の下で一時自由化が進んだ。他方中国の指導部は、彼等のスターリン的体質から、また彼等が厳しく対立しているアメリカに接近するのではないかという心配から、ソ連の新しい動きを警戒した。これらの動きもまた自由化に歯止めをかける作用を及ぼした。「法の支配」がほぼ実質化し、個々の指導者や政策に対する批判も行われるようになったが、共産党とその支配体制そのものを批判する言論や活動は許されなかった。

## 2 緊張緩和と平和的競争

フルシチョフは経済的にアメリカに「追いつき追い越す」ことを国家目標と定め、この「平和的競争」に勝利する経済発展と科学技術を追求した。五七年十月、大陸間弾道弾(ICBM)の開発に成功し、また同年十月、人工衛星「スプートニク1号」の打ち上げに成功、ともに世界最初であり、おおいに国威を発揚した。

五七年以降、シリア・イラク・エジプトなどへの援助を開始した。これらは「第三世界」への浸透をはかる世界政策のはじめとなった。

五八年に首相(任 1958-64)を兼ねるようになったフルシチョフは、五九年に訪米する一方、中国との協定を破棄して技術者を引き上げた。

しかし米ソの接近は世界的な冷戦や、帝国主義に対する第三世界の闘いを終わらせたわけではなかった。六一年、東ドイツ政府が東西ベルリンの境に壁を築いた。キューバでは五九年に革命が起こって六一年に社会主義宣言を発した。アメリカがこれに敵対する政策をとったので、六二年ソ連にミサイル基地をつくらせ始めた。これに対しアメリカ大統領ケネディは、核戦争と人類絶滅の危険性を承知で核攻撃の通告でソ連を脅迫したが、フルシチョフがこれに譲歩して基地を撤去したので核戦争は防がれた（**キューバ危機**）。ソ連はアメリカ帝国主義に対する政治的・思想的闘争を放棄し、米との馴れ合いにより世界を支配する戦略を次第に強めた。六三年、部分的核実験停止条約を米・英と結んだが、これらの国では既に（この条約の対象外の）地下核実験が主になっており、核廃絶を求める平和勢力の期待に応えるものではなかった。また一連の動きを不満とした中国は同年、論争を公然化させてソ連を「修正主義」として激しく非難した。社会主義を名乗る勢力の分裂は、反帝国主義の闘争に悪影響を及ぼした。

### 3　文化

スターリン批判に続く一時期に文化の自由化が行われた。また「緊張緩和」に対応して、「ロシア的」なものや「プロレタリア的」なものを過度に強調するスターリン時代の方針が修正され、「西洋的」あるいは「ブルジョワ的」な学問や芸術の摂取や交流が行われた。五四年には原子力発電が開始された。宇宙開発でも先陣をきり、五九年に月面着陸、六一年四月には**ガガーリン**が人類ではじめて有人人工衛星から地球を見た。

## 四　ブレジネフの時代から崩壊まで

### 1　ブレジネフ時代

六四年十月、フルシチョフは突然解任され、後継の第一書記に**ブレジネフ**(Brezhnev, 1906-82)、首相にコスイギン (Kosygin, 1904-80; 任 1964-80) が就任した。新政府は、企業の自主的権限の拡大と経済的刺激策などの改革で経済発展を図った。しか外交路線に大きな変化はなく、ヴェトナムなどで侵略を行うアメリカ帝国主義と妥協して自らの勢力圏を支配する政策を続けた。

六七年、革命五〇周年のときを革命前と比べると、二つの戦争による大きな被害にもかかわらず、人口は五〇年間で一億四五〇〇万から二億五〇〇〇万に増大していた。生活水準・労働条件・衛生環境はおおざっぱに言えばよりよくなった。相対的な国力は上昇した。大部分が文字を読めなかったがそうでなくなり、特にロシア人にはほとんどいなくなった。高等教育を受ける者はほとんどいなかったのが、無視できない割合を占めるようになり、科学技術は飛躍的に発展した。女性の社会進出では、北欧諸国とともに最も進んでいた。「労働者階級の権力」も、階級のない真に平等な社会も現れず、共産党の官僚が一種の支配階級となったことは否定できない。しかしその支配は帝政時代の支配階級のものと比べて、彼等自身が多くはその加害者である以上に被害者でもあったスターリン時代を除けば、より苛酷なものではなかった。「アメリカの経済水準に追いつく」というフルシチョフの目標は達成されなかったが、貧富の差も最貧層の割合も、アメリカよりはるかに少なかった。いささか偽善的な社会ではあったが、犯罪もアメリカよりはるかに少なく、習俗ははるかに健全であった。革命後の半世紀は、ある面では社会主義にあまり達せず、ある面では社会主義をまったく裏切るものであったが、この五〇年に失敗と退歩しかなかったわけでないことも明らかであった。

六八年、チェコスロバキアでは「プラハの春」と呼ばれた民主化運動が起こったが、ソ連はこれに軍事介入して弾圧した。これらの動きは資本主義諸国において闘っている労働者階級や進歩的知識人を失望させた。

六九年、アメリカとの間で戦略兵器制限交渉（SALT）が始まった。これは核兵器の削減でなく開発の制限をとりきめるもので、米ソ超大国が、互いに牽制し合い負担を押さえつつ、世界全体を取り仕切ることをめざしていた。他方同六九年三月には、ついに中国との間の国境紛争で軍隊が動き、「社会主義」を看板に掲げる国同士のはじめての軍事対立として、大きな衝撃を与えた。七〇年、西ドイツ（ブラント首相）と武力不行使協定を結んだ。アメリカとのSALTは七二年に第一次、七九年に第二次協定が調印されたが、核兵器はこの間も増大し続け、核戦争の危機や核兵器による威嚇が減ったわけではなかった。七三年、ブレジネフは訪米してニクソンと会談した。七五年、全欧安保協力会議がヘルシンキで開かれ、大戦後の国境の維持とひきかえに国内の人権尊重を約束させられた。七七年、ブレジネフは最高幹部会議長を兼任し、憲法を改定（「ブレジネフ憲法」）して「全人民国家」を唱えたが、実際には個人や一部に権力が集中する傾向を強めた。七九年、アフガニスタンに侵攻したが、泥沼状態となり、国際的批判も浴び、緊張緩和に代わる「第二次冷戦」の開始と呼ばれた。八〇年、中国は中ソ友好同盟相互援助条約を破棄した。

ブレジネフ時代にソ連社会は安定化した。しかし七〇年代頃から次第に停滞するようになり、経済的に西側に遅れをとるようになってきた。外延的拡大から内包的発展への移行に対して、統制・指令型の経済体制が桎梏になり、労働者の意欲や創意を汲みにくくしていた。政治的には縁故主義が強まり、保守的・復古的な風潮も現れた。これは衣食住と労働・教育・医療が基本的に保証されるようになった（上からの）社会主義的側面とあいまって、国民に政治的無関心を強めるようになった。このためメドヴェージェフやサハロフなどの反体制派知識人の言動やソルジェニツィン（七四年に国外追放）らへの抑圧も民衆の関心とは結び付かず、官僚主義などへの不満は怠惰や飲酒などの形をとりがちであった。

## 2　ブレジネフ以後

八二年、ブレジネフが死去し、アンドロポフ（Andropov, 1914-84）が書記長となった。「第二次冷戦」の中で核廃絶への諸国民の運動におされ、米との戦略兵器削減交渉（ＳＴＡＲＴ）が開始された。

八四年、アンドロポフが死去し、チェルネンコ（Chelnenko, 1911-85）が短期間継いだ後、八五年三月、**ゴルバチョフ**（Gorbachov, 1931-）が書記長となった。彼は「改革」（ペレストロイカ）と「公開」（グラスノスチ）を標語に停滞の打破を図った。同年七月、八月六日（広島被爆の日）以降の一方的な核実験停止を決定し、米にも同調を呼びかけた。ソ連を「悪の帝国」と公言していたレーガン米大統領はこれを無視したが、ソ連はこの措置を三度に渡って延長し、核廃絶を求める国際的な世論と運動に応え、ついには米もこれに動かされて、核軍拡と冷戦を終結させる力の一つとなった。八六年、チェルノブイリの原発が事故を起こし、大きな被害を与えた。これを契機にグラスノスチが活発になり、マスコミは管理されない事実報道や体制に批判的な意見なども積極的に取り上げるようになった。八九年、アフガニスタンから撤退して第二次冷戦の大きな原因を取り除き、マルタ島で米と首脳会談を行い、「冷戦終結」が宣言された。九一年七月にはSTARTが調印された。

「スターリン批判」のときと同様、ソ連の改革は東欧諸国に動揺をひきおこし、ついにはこれらの国の体制の崩壊につながった。八九年十一月、ドイツで「ベルリンの壁」が破壊され、東ドイツの共産党は九〇年四月に政権を失った。この状況に西ドイツは東の併合をめざし、同年十月に東西ドイツは統一された。この他ほとんどの東欧諸国で共産党は政権を失うことになり、これらの国では資本主義化が進められることになった。

ソ連では九〇年三月、大統領制が導入され、ゴルバチョフが選ばれた。しかし経済改革は進まず、大衆の不満の中で、資本主義的市場経済を肯定するような「急進改革派」も現れた。その一人で九〇年五月にロシア共和国の議長に選ばれた**エリツィン**は六月に主権宣言を行って「ソ連」の枠から離れ、七月には離党し、共産党と社会主義そのものを否定して資本主義の導入をめざす立場に移った。これらの動きに対し、九一年八月、「保守派」がクーデターを行ったが鎮圧され、ゴルバチョフと共産党全体がこのせいで支持を落とし、彼は辞任と解党を宣言した。九月、こうして求心力を失ったソ運は、バルト三国の独立を承認、他の諸国にも分離独立の動きが加速した。十二月、ついにソ連邦は解体した。

# 第二節　ソ連「社会主義」の批判的考察

## 1　ソ連は「社会主義国」だったのか？

この問いは小学生向けでなければ間が抜けているように思われるかもしれません。そもそも「ソ連」とは「ソヴィエト社会主義共和国連邦」の略なのですから。しかし、ではある国が何であるかを決めるのはその名前なのでしょうか。いま正式国名として「民主主義人民共和国」を称するものがありますが、ではそれは民主主義的な人民の共和国なのかと問えば、そう認める人はきわめて少ないでしょう。ヒトラーの政党「ナチス」も、正式党名はその実態とずれており、名前だけからすると今日でも支持する人は多いかもしれません。つまり国家や政党の名称は、会社や店と同様に当事者が自由に決めるもので、（つくったときの）よくて目標、悪くすれば受けそうな宣伝文句に過ぎません。そこで結論を言えば、ソ連の「社会主義」というのは、革命を行なった際は確かに社会主義をめざしていましたが、成立した政権と国家は社会主義になりきらないうちに、少しずつ、そして時には大きく外れていき、最後までその看板を掲げながら、実態としてはあまり社会主義ではありませんでした。

## 2　社会主義の本来の意味

名前から実態は判断できないならば、何をもとにソ連があまり社会主義ではなかったと言えるのか。現代の社会主義思想の出発点と一般に認められ、ソ連自身も認めていたのはマルクスとエンゲルスの『共産党宣言』（一八四八年）です。そこで彼等が展望していたのは、「各人の自由な発展が万人の自由な発展の条件となるような共同社会」でした。ソ連がこれとおおいに違っていたことは明らかです。

しかしここでまずひっかかる問題があります。「社会主義」「共産主義」「マルクス主義」の関係です。前の二つの使い分けに関しては、いくつかありますので少し厄介です。①どちらもマルクス以前からあり、内容的には入り混じっていましたが、一九世紀半ばでは「社会主義」は主に知識人や芸術家の思想としてあり、他方労働者を中心とした実際の革命運動は「共産主義」を名乗ることが多かったのでこちらを選んだ、とマルクス自身は言っています。なおその後ロシア革命までは、マルクス主義的な政党は「社会民主（労働）党」を多く名乗りましたが、今日その名で存在するものと同じと限りません。②マルクスは「ゴータ綱領批判」（一八七五年）において、資本主義後の社会について次のように述べました。「資本主義から生まれたばかりの共産主義社会は、あらゆる点で、経済的にも道徳的にも精神的にも、母胎たる旧社会の母斑をまだ帯びている。〔…〕共産主義社会のより高度な段階ではじめて、社会はその旗に、各人はその能力に応じて〔働き〕、その必要に応じて〔受け取る〕、と書くことができる」。レーニンなどのマルクス主義者はこれに基づき、この第一段階を「社会主義」、高度な段階を「共産主義」と区別するようになりましたが、本書ではこれは社会主義「段階」、共産主義「段階」と記すことにします。③レーニンはロシア革命を成功させ、ソ連ではレーニンがマルクスの継承者とされました。「マルクス・レーニン主義」という名はスターリンによるもので二〇世紀の共産主義とされましたが、スターリンによる歪曲が含まれており、今日もこう名乗る共産主義者はほとんどいません。他方はじめは批判者が用いた「スターリン主義」という言い方は、今日はスターリン自身に対するものとして中立的な用語としても使われるようになりました。ところでマルクスは基本的に支持するがレーニンには反対、という立場もあります。そこで単に「社会主義」というときはこれも含めて広く使い、「共産主義」というときはより狭くマルクスだけでなくレーニンも基本的には受け継ぐ立場に限定して呼ぶのが、今日では最も多い使われ方です。「共産主義」ではない「社会主義」の側の言い分として多いのは、**生産手段の社会的所有**により経済的平等をめざすが、階級闘争と革命という手法でなく、議会を通じた改良の積み重ねで少しずつ社会主義に移行するのだ、というものです。

ではソ連では生産手段の社会的所有が実現していたでしょうか。そこでは工場や農場等、つまり生産手段の大部分が国有化されたという点からは、そう言えるように見えます。しかし「国有」と「社会的所有」とは同じではありません。そもそも共産主義段階では国家は死滅するという想定ですから、共産主義者が「国有」を理想とすることはあり得ません。（「共産主義国家」という用語は、「共産主義をめざしている国家」と言う曖昧な意味でなければ共産主義者自身は使いません。）また、しかし社会主義段階では国家は当然存在するので、ソ連における「国有」は「社会的所有」の一形態であったとは言えないのか。言えません。「所有」ということも、看板だけでなく、実態に即して判断される必要があります。「国有」が「社会的所有」であるかどうかはその国家の中身によります。日本で言えば「公地公民」制も旧「国鉄」も一種の国有ですが、（少なくともマルクス主義者には）それらは社会主義とみなされないでしょう。実際『共産党宣言』でも、革命の課題として生産手段を「国家、すなわち支配階級として組織されたプロレタリアート（労働者階級）の手に集中し」、と述べられています。ソ連国家は、どちらかというとむしろ、プロレタリアートを支配するために組織された集団のものでした。

『共産党宣言』では「自由」こそ共産主義の特徴とされているという点から、ソ連がそうでなかったと述べました。他方で共産主義とは独裁の思想である（それゆえソ連がそうであったのは当然だ）と言う人もいます。これを考えてみましょう。

## 3　独裁の問題

マルクスらが「独裁」という言葉を用いたのは事実です。しかしまずそれは常に「プロレタリアートの独裁」（「プロ独」）という意味においてであって、一党独裁や個人独裁のことではありません。この点でまずソ連はマルクスによって正当化されることはできません。それにしても「プロレタリアートの独裁」とはどういう意味なのか。これについては使われる状況で力点の違いも感じられますが、三つのことが言えそうです。第一は、これは事実問題として国家権力をどの階級が持っているかについての概念であり、権利問題としての「独裁権」のことではないということです。第二は、立法権力とか警察権力とかのような個別の権力でなく、国家権力の全体を得ることを示すものだということです。（以上二つの意味でマルクスの考え方からすれば今の日本やアメリカは「ブルジョワジーの独裁」国家です。）第三は、革命によって成立した国家は、従来の政権交代のルールによるものでないことが多く、その意味では「非合法的」な、人民の直接の支持にだけ正統性を持つことを示すものです。今日の先進国の多くの共産主義者は誤解を招きやすいとして「独裁」の用語は放棄しました。

レーニンは「プロレタリアの独裁」を追求しましたが、十月革命時のソヴィエト政権はそもそも連立政権であり、一党独裁はめざしていませんでした。しかしその後反対党が武力反乱に訴えこれが敗れたので、結果的に共産党の一党支配体制になりました。しかしスターリンは憲法を変えてソヴィエト国家は共産党が指導するものとしました。これだと仮に他の「政党」があっても、政権を取る可能性がはじめから封じられているのでは実際には「政党」とは言えず、まさに一党独裁体制です。政治の土台は経済であり、資本家階級がなくなったソ連では他の党は必要ない、というスターリン国家の言い分は一見マルクス主義的ですが、「共産党」という名前の集団が本当に労働者の利益を代表しその支持を受けているのかを検証（および反証）する方法がないので、マルクスやレーニンの意図とは正反対です。選挙があっても党幹部の推薦候補を信任する儀式に過ぎませんでした。いろいろな点でスターリンに反対する共産党員も少なくありませんでしたが、それらは粛清され、事実上のスターリンの個人独裁にまでなりました。これは第二〇回党大会（一九五六年）で批判の的となり、その後はほとんどなくなりましたが、一党独裁は最後まで続きました。

### 4　暴力革命について

自由の反対は強制であり、最も露骨な強制は暴力です。（私は暴力を最大の悪とみなします。）自由をめざすと「宣言」しても共産主義は暴力革命の思想と運動であると言われることもあります。ソ連がまさにその証拠だともされますが、どうなのでしょうか。まず、『共産党宣言』の時点では普通選挙を行なっている国は一つもありませんでした。市民革命もすべて暴力革命です。（死者が出なくても従来の制度からは「非合法」の実力行使という意味ではイギリス名誉革命も「暴力革命」であり、単に死者が出なかったという意味では、後の内乱を含まぬロシア十月革命そのものはこれと同様「平和革命」です）。現状を暴力を含む「階級支配」とするからこそその克服をめざすマルクスらは、それゆえこの暴力的支配を肯定し持続している権力者に対し、その正義感や人道的感情に訴えることで「平和的に」変革できるとみなす思想や運動を、「空想的社会主義」として確かに批判しました。どちらがよいかは立ち入りません。ここで問題にしているのはマルクスらの思想の評価ではなく、その正しい理解（特にソ連型「マルクス主義」との違い）に過ぎません。彼等は革命が平和的に行なわれるならそのほうが望ましいとはじめから考えていましたし（『共産主義の原理』等）、実際一八七〇年代以後、選挙権が拡大した諸国ではその可能性が増えたとみなしました。

ロシアでは第一革命（一九〇五年）後にようやく議会が置かれましたが、これは政治の中心でなく皇帝を補助するようなもので（日本の帝国議会に近く）、しかも階級ごとの選挙で地主や資本家が多数になる仕組みで（帝国議会より非民主的で）、議会による革命は不可能でした。（ただし憲法制定議会の解散は微妙な問題を含みます。）しかも武力による反革命との内乱の経験は、平和的革命の追求はマルクス思想の歪曲だというスターリンの言い分をもっともらしくさせました。先に述べた二〇回党大会で「社会主義への多様な道」が認められた後でも、実際にはソ連型の革命を他国や他の党に押し付ける干渉が終結はしませんでした。

## 5　民主主義の問題

民主主義は、「争いをなくす」ものではありませんが、政治闘争を暴力によらない形にするものではあります。この意味で暴力の問題は民主主義をどう考えるかという問題です。十月革命が暴力的になったのはやむをえなかったとしても、スターリンは富農（地主ではない）や党内の反対派とも、暴力的にたたかい、抹殺や収容所送りにしました。こうしたやり方は共産主義的なのでしょうか。『共産党宣言』では、「労働者革命の第一歩は、プロレタリアートを支配階級に高めること、民主主義を戦いとることである」とされており、マルクスらは民主主義に反対するどころかそれをたたかいとるべきとみなしています。レーニンは次のように述べています。「プロレタリアートの独裁は民主主義を大幅に拡大し、この民主主義を始めて、富者のための民主主義ではなく、貧者のための民主主義、人民のための民主主義とする」(『国家と革命』)。前に述べたように「プロ独」は独裁「権」を一階級に与えるものでないから民主主義と両立可能であり、むしろ民主主義の拡大とさえ考えています。ではマルクス・レーニン主義を自称するスターリンはどう言い抜けたのか。民主主義「一般」というものは実在せず、ソ連にあるのはブルジョワ民主主義「ではなく」プロレタリア民主主義だ、というものでした。両者に「区別」を認めることは可能ですが、それは必ずしも「対立」ではありません(それゆえレーニンは「拡大」を語れました)。ところで区別を対立に仕立てることはスターリン体制によく見られた手口でした。

「富農」(クラーク)問題もその一例です。富農は貧農と確かに「区別」されますが、地主階級とは異なり、それは本質的な「対立」とは言えません。スターリンは量的な区別(格差)を質的な対立に仕立てたり、一時的・一側面における対立を本質的な対立に誇張したりしました。こうして反対派を(富農のような階層であれ、党内の異論派であれ)人民に対立する「敵」であり、これと平和的にたたかおうというのは、形式主義的な「ブルジョワ民主主義」であると否定しました。

富農への敵視は主に農業の集団化のためです。そして農地の社会的所有は確かに社会主義政策ではありります。レーニンはそれを課題としていましたが、しかしそれが農民自身に得であることの「説得と実例によって」なされなければならないと強調していました。反対者を物理的に弾圧するのはもってのほかであり、しかも所有者となった国家や党の官僚が農民の利益を図らなかったので、スターリン的農業集団化は、二重の意味で社会主義的というよりそれに反するものでした。

## 6　後発国革命の問題

ソ連は出発時には社会主義をめざしたものの、実際にはあまり社会主義ではなかったことを、いくつか重要な点で示しました。なぜそうなったのか。

先ほどマルクスが、社会主義段階ではそれがいま生まれてきた「旧社会の母斑をまだ帯びている」と考えたことをみました。ではソ連の場合革命前の「旧社会」を考えると、はっきりしているのは遅れた資本主義国であったということです。と言うことは、質量ともに労働者階級が未発達であったということです。資本主義はどこでも必然的に社会主義に移ると彼は考えますが（その当否はここでは論じません）、「労働者階級自身の発展の程度によって、あるいはより血なまぐさい形で、あるいはより人間的な形で進む」と『資本論』の初版序文で予想しています。単純な人口比でも労働者階級が少なく質的にも（たとえば民主主義的な思想や行動習慣において）成熟度の少ないロシアの民衆が（しかもそのうち知的にも道徳的にも最もすぐれた部分が内乱で最も犠牲となり）、「パンと平和」を求めて旧政権を倒しても、彼等を代弁すると称する新しい権力者や野心的独裁者にまたもやひきずられてしまうのは、理解しにくくありません。そして「血なまぐさく」始まりそれを正当化した革命は、ついに人間的社会の実現という初心を裏切ることになりました。

## 7　革命の過程

では逆になぜそのロシアで社会主義革命が起こったのか。また社会主義者はそのときロシアで革命を起こすべきだったのか。実際、メンシェヴィキを含め時期尚早論は少なからずありました。

資本主義はまさにその発展によって社会主義に導く、というのがマルクスらの考えでしたが、資本主義が発達している国ほど早く革命が始まる、とはみていませんでした。三月革命まではドイツ、パリ・コミューンまではフランスに最も注目し、晩年はロシアの革命運動にも関心を向けましたが、イギリスやアメリカで社会主義革命が起こりそうだとは最後まで考えませんでした。共産主義社会への移行全体としては（資本主義そのものがグローバル化であるので）一国だけでは不可能とし、それゆえ「万国の労働者の団結」を訴えながらも、その具体的過程としては国ごとの発展段階の差により緩急の差を認めました（『共産主義の原理』等）。

レーニンは二〇世紀の帝国主義諸国は不均衡に発展しつつ依存や従属で結合するところから、その最も弱い鎖で切れるとしました。彼が十月に蜂起する方針を出したのは、直接には、二月革命後の政権が戦争をやめず敗北で被害が増えるばかりであること、他方で飢饉の冬が近づきこのままでは大量の餓死者が予想されること、という切迫した状況の考慮からですが、こうした理論的背景もありました。その理論では、弱い資本主義国では矛盾が重なり大衆の不満も強いので革命は起こしやすいが、めざしていた社会をつくるのは困難と言えます。つまり革命を、単に政治権力を取るということと、その国の社会体制をなんとか社会主義段階にまで築き上げるということと、共産主義段階に（最終的に、グローバルに）到達するということと、区別して考えなければならないということです。そして市民革命は、既に経済的に資本主義がかなり成熟し、市民階級の文化もヘゲモニーを得た後で、政治権力の獲得と法制度の確立という形で行われたのに対し、社会主義はむしろ政治革命の後でその経済制度をつくらなければならないわけですから、なおさらこの区別は重要でしょう。

後発国では、旧政権の転覆は起こしやすい。しかしそこでの「革命」が「支配者」の交代でなく、支配なき社会をめざすのであれば、（少なくとも政治上の建前としては国民自身が統治者であるという制度に慣れている）先進国以上の自覚や努力が、新たな権力者に求められましょう。

## 8　個人と社会

レーニンにはこの問題点はみえていたようです。その彼が死を前にして最後に行なった政治闘争は、共産党の書記長として台頭してきたスターリンの排除でした。自ら出席できない党大会にあてた手紙で、彼はこう記しました。「スターリンは粗暴すぎる。この欠点は、我々の間の交際では我慢できても、書記長という職務にあっては我慢できないものとなる。彼をこの地位からほかに移して別の人物、もっと忍耐強く、もっと忠実で、もっと丁重で、もっと思いやりがあり、もっと気まぐれでない等々の人物を任命するという方法をよく考えてみるよう、同志諸君に提案する。この事情は、〔…〕些細なことだとしても、決定的な意義を持つようになりかねない種類の些細なことだと思う」（一九二三年一月四日）。後に独裁者になったスターリンの「粗暴さ」を考えれば、よく見抜いていたものと思われます。独裁者でなく、しかもその時点ではカリスマでもなくしばしばはじめは少数派でもあったレーニンは、これを決定機関に「提案」できただけとは言え、この手紙が公表されれば大きな打撃になると見越したスターリンは、身持ちを改めることを有力者たちに約束してひきかえにもみけさせ、レーニン死後今度は彼等を少しずつ抹殺していくことで自分が彼の「後継者」であるという正反対の歴史も捏造しました。歴史に「もし」はないとも言われますが、もしこのときスターリンが排除されていたら、あるいはレーニンが長生きしていたら、とは考えたくなってしまう仮定です。

しかしそれは一種の英雄史観か、政治を大物政治家たちの権力争いという「政局的」観点から解釈する、おもしろいかもしれないが幼稚な解釈ではないのか。しかしマルクスは宿命論者ではなく、歴史には偶然性も作用すると考え、その中には「運動の先頭に立つ人々の性格という偶然も含まれる」とみています（クーゲルマンへの手紙、一八七一年四月一七日）。勿論それは究極的な、あるいは主要な要因ではないでしょう。ではなぜスターリンをおろせなかったのか、と問われるからです。「文化大革命」直後の中国政府は、文革の（スターリン時代と似た）暴力支配の原因としてすべてを「四人組」に帰しました。ではなぜ四人組を排除できなかったのか、と問うと、それも結局四人組のせいだ、というのが当局への風刺をこめた笑い話でした。民衆の小話と、新書記長による党大会での批判とでは重さは違いますが、個人責任で終わらせる点ではフルシチョフのスターリン批判も似た水準にとどまります。ここには、政治におけるいわば人間的な要素（権力者・指導者の「性格」とともに、民衆の知的・道徳的な程度や「エートス」も）と、経済水準・政治制度・民族性や国民性といった超個人的要素との相互連関という問題があります。マルクスはこの柔軟な観点から、たとえば同時代のフランスの政治史を見事に描き出して、（政治的立場の異なる者も含め）歴史家から評価されていますが、これに学んでソ連史を把握することは、なかなか難しいようです。

## 9　一国革命の問題

ソ連史の正しい認識が難しい一要因として、スターリンが歴史の隠蔽や改竄を行ったことがあります。そこでトロツキーをはじめ彼のライバルたちを（どう評価するか、という以前に）客観的に知る作業がまだ進行中です。ここでは避けて（ただし無関係でない）一般論に戻ることにします。

すなわちロシア革命は後発国であるための負の遺産から出発しなければならなかったことは前述しました。ところで若きマルクスは、共産主義は多くの人々が疎外されている一方で、「富と文化」が現存することが条件だと考えました。さもなければそれらの欠乏が平等になるだけで、必要物のための争いも再燃して旧弊がまたも出揃ってくるからだ、そしてそうならないためには世界史的な経験を持つ諸個人によって局地的共産主義を克服しなければならない、としています（『ドイツ・イデオロギー』）。また晩年のマルクスがロシアに注目したことも述べましたが、資本主義が未成熟のロシアでその発展を飛び越えて社会主義が可能か、という問題に、それは西欧先進国の運動と結びつけるかどうかによる、と答えています（ザスーリッチへの手紙、他）。ヒトラーに劣らずスターリンについても、単に権力欲や支配欲にとりつかれた独裁者と割り切ることはできず、政敵に対するその勝利には、それなりの要因もあったでしょう。スターリンについて言えば、その一国社会主義建設の方針は、状況に適した現実性を持っていたと言えるかもしれません。その孤立・局地性にもよる弱点、「富と文化の欠乏」を彼もわかっていたようですが、その把握は皮相と言えそうです。すなわち農民を犠牲にし、労働者さえ犠牲にして国家の工業力と軍事力を強くし、「一枚岩の団結」を強いて精神的に強い、「粗暴」にして強い、したがって大きな弱さも抱えた国家、悪いときは恐怖政治、よいときでも官僚主義の、むしろ「開発独裁」と言われる類型に似た国家ソ連を、彼はつくりました。この富と文化――マルクスの言う富とは単なる経済力でなくむしろ人間の豊かさを金銭に還元することこそ資本主義の疎外とみなしている（『経済学・哲学草稿』）――の欠乏を、世界史的な「交通」によって補おうとするどころか、ソ連流の「粗暴さ」を他国にも押し付けようとしました。この**大国主義**も帝政ロシアから受け継いでしまったものであり、また二一世紀の資本主義ロシアも克服できないでいるのですが。

## 10　私達の問題

ソ連は実はあまり社会主義ではなかった、と言うことが言えたとして、では私達の課題としてはどうなるのでしょうか。第一に、社会主義は失敗したとか誤りが明らかになったとか、簡単に決めつけられないことです。ソ連はあまり社会主義でなかったわけですから。ではそもそも社会主義とは何であり、あり得るのか、追求するに値するのか、実現可能なのか、原点から考える必要があります。一〇年ほど前には資本主義の「勝利」が自明のように語られ「歴史の終わり」さえ喧伝されましたが、今また資本主義は深刻な危機を迎え、『資本論』どころか『蟹工船』までブームが甦りました。

しかしかつての社会主義者が見誤っていたとはっきり言えることが一つはあります。資本主義の生命力の強さについてであり、してみると今の危機にも復元力が働く可能性も十分にあります。人間を搾取する資本主義制度に非人間的な面があることは否定できませんし、この社会体制が完全な、人類にとって究極のものと信仰する必要はありません。しかしその強さをさらによく解明し、そこから何を学び取っていくかを考え抜かないことには、社会主義であれ、あるいは資本主義を超えようとする他の社会構想であれ、その復興や立ち上げが成功することは、難しいでしょう。ソ連の経験は、解答以上に多い課題を、私達に与えているように思われます。

# 第四章　アメリカ「自由主義」の批判的考察

## 1　アメリカは「自由の国」か？

ここで単に「アメリカ」というときには（アメリカ大陸でも州でもなく）、国家としての United States of America（この日本語表記は本多勝一氏などが言うようにアメリカ「合衆国」でなく「合州国」であるべき）のことです。「ソ連」がその名にもかかわらずあまり「社会主義」でなかったように、アメリカもその看板または「イメージ」をそのまま実態ととることはできません。ここでは教科書や他の本がごまんと述べている、アメリカ政治の制度や理念の建前（勿論それが一〇〇％の嘘や間違いだというわけではありません）については触れないことにします。むしろそれとずれる、または異なる面を集中してとりあげることにします。その面をあえて一言で言うならば、「**力への信仰**」です。

## 2　アメリカの三つの原罪

アメリカ合州国の「**独立宣言**」（一七七六年）は、「すべての人間」の自由と平等をうたっており、言葉通りに受け取れば、近代民主主義思想の見本の一つです。しかしそれははじめから実態と異なっていました。（性差別については、近代民主主義一般に共通です。しかし）特に、黒人奴隷と原住民が自由も平等も認められておらず、独立を担った人々のほとんどにとってこの宣言で問題にされている「人間」の中に入っていなかったことが、アメリカの場合は特徴的です。

アフリカから強制連行されてきた黒人（今日はアフリカ系アメリカ人と言われる場合が多い）の奴隷制度が廃止されるのは、独立後約百年後のことです（**奴隷解放宣言**、一八六三年）。「自由人」として建前上「人間」扱いされても白人と「平等」になったわけではなく、法的な差別がほぼ解消されたのはさらにその百年後（**公民権法**、一九六四年）です。二一世紀に入りオバマ大統領が誕生するなど、社会的差別の解消も進みつつありますが、完全な平等になったと言い切るのは今でも難しいでしょう。

アメリカの東部すなわち大西洋岸に上陸したヨーロッパ人は、西部へと進出しましたが、それは「開拓」であると同時にインディアン（今日はネイティヴ・アメリカンと言われる場合が多い、人種的には私達と同じアジア系）への侵略でした。平等と平和を重視するクウェーカー派により開かれたペンシルヴァニア州の初期など、友好関係を持ったのはごくわずかの例外です。独立宣言当時すでに約一五〇万人に減っていたインディアンは、一九六〇年には五二万人にまで激減しました。この「野蛮人」は、偏見のないモラリストからは、白人ほどには野蛮でなく（モンテーニュ『エセー』）、またアメリカ政府から金をもらって現地調査した民族学者からは、「自由・平等・友愛の民族」と言われました（モーガン『古代社会』）。しかし自称文明人のほうは多くの場合彼等の土地を奪い、抵抗すれば抹殺し、屈服すれば支配し搾取しつつ拡張することを、「開拓者精神」（frontier spirit）とか「明白な使命」（manifest destiny）と称して正当化しました。（一八三〇年の強制移住法など法的措置もつくられました。）現在でも差別的扱いは続いています。たとえば彼等の「居留地」（もともと実際に住んでいたところのごく一部で法的にそのように指定された地域）には鉱物資源に富むものが多くありますが、その乱開発が行われています。対策なしに現地インディアンにウランの採掘をさせて多くのがん患者が出たり、基準を大幅に超えるラドン・ガスを放置して害を与えたりしています。

アメリカ発祥の地は東北部のニューイングランドであり、担い手がピューリタンであったことはよく知られています。そこで一六九二年、伝染病の流行とともに**魔女狩り**が行われ、一五〇人が投獄され、一人が拷問で殺され、一九人が絞首刑になりました。ピューリタンが進歩的な社会思想を持っていたことは事実ですが、他方で二重予定説に基づく選民意識、裏から言えば他者（滅びに予定された者）への不寛容な態度も特徴的でした。ピューリタン革命を指導したクロムウェルはイングランドで共和制を行いましたが、アイルランド侵略も行いました。南アフリカの植民地を作ったのも、オランダから渡ったピューリタンです。

## 3　砲艦外交

西部進出は、海に達して終らず、太平洋の向こう、日本に（沖縄、小笠原と太平洋戦争のときと同じコースで）来ました。すなわち一八五三年、**ペリー**による**黒船来航**です。来たいというのは自由でしょうが、断るのも自由なはずです。日本は長崎に回るように言いましたがペリーは従わず（同時期に同じ要求をしたロシアは従いました）、強引に江戸湾に入り測量しました（領海侵犯、当時としても国際法違反です）。そして開国を要求したのは自由でしょうが、相手に断る自由は認めませんでした。すなわちそのときは戦争と脅し、そこで降伏するならこれを出せと白旗を渡しました。このとき対日貿易にそれほど利害はなかったのに力づくでも開港させようとした大きな理由には、捕鯨船の停泊地の獲得がありました。今となっては捕鯨叩きで正義面しているアメリカには皮肉なことです（彼等には鯨肉でなく鯨油が主な目的）。開国に成功したアメリカはいよいよ開港を求めて領事**ハリス**を送りこみました。渋る幕府に対し彼は、当時のアロー戦争を利用し、中国と戦って勝った英仏の艦隊が次に日本を襲うが、その前に米と通商条約を結んでおけば守ると告げました。事実はこのとき英仏に日本を攻撃する意図はなく、それを予想させる客観的証拠もありませんでした。すなわちこの初代領事は嘘と脅しによって、**不平等条約**を結ぶことに成功（一八五八年）したのです。この条約の改正のために以後日本がどれだけ苦労しなければならなかったか、またそのためにはアメリカ流を手本にしなければならないと考えて江華島事件を皮切りに自ら近隣諸国に砲艦外交を進めていったことは、よく知られています。

## 4　侵略と虐殺の自由

日本はそれでも植民地化されることは免れましたが、アジアでアメリカの植民地になったのはフィリピンです。その独立後も長い間軍事同盟を結び基地を置きました。その西のヴェトナムはフランスに対する独立戦争を続けていましたがそこにも介入します。いわゆる**トンキン湾事件**によって北ヴェトナムへの公然とした爆撃を開始しました。しかしその半年前の一九六四年二月から、国防省とCIAは爆撃計画を立て、四月には九四箇所の爆撃リストを作成していました（三四A作戦）。その上で七月末、南ヴェトナム軍が北ヴェトナム領の島を攻撃し、米駆逐艦が出て挑発し、北から魚雷艇で攻撃を受けた「報復」として即座に米軍が爆撃に出動するとともに、武力行使の権限を大統領に与える決議が議会に出されました（八月七日可決）。「北ヴェトナムを石器時代に戻す」として行われた激しい爆撃のほかに、米軍は枯葉剤という化学兵器を含め多くの非人道的兵器を使用しました。

六七年のアメリカの戦争犯罪を裁く国際法廷では、イギリスのラッセルやフランスのサルトルなど、国際的な非難を浴びましたが、耳を貸しません。六八年三月一六日、米軍は**ソンミ村**を襲い、無抵抗の村人五〇四人を殺害しました。うち一八二人が女性、一七三人がこども、六〇人が老人でした。一年半後、事件は暴露され、米兵一四人が起訴されましたが、有罪になったのはカリー小隊長一人だけで、それも後に減刑されて七四年に仮釈放されました。同様の事件が、イラク戦争のとき**ファルージャ**でも再現された（二〇〇三年）ことは記憶に新しい、そして忘れてならないことです。（沖縄、普天間基地の海兵隊も加わりました。海兵隊は抑止力というより「殴り込み部隊」と言われています。）米政府の計画的なヴェトナム侵略の実態が明るみに出たのは、七一年六月『ニューヨーク・タイムズ』が国防省秘密報告書を暴露したことによります。（政府は連載の中止を要請し、断られると記事差し止め訴訟を起こしましたが、認められませんでした。）

一九七五年にヴェトナムで完全に敗北した後も、米政府は**グレナダ**や**パナマ**、**アフガン**（二〇〇一年）や**イラク**（二〇〇三年）といった国に、それぞれ欺瞞的な理由で軍事侵攻し、親米的でない政権を倒しています。

### 5　拷問の自由

一九七三年、選挙によって合法的に選出されたチリの左翼政権は、アメリカのＣＩＡによって支持された軍部のクーデタによって転覆されました。アジェンデ大統領のほか、七九年の時点で約四万人が虐殺されたと推定され、秘密警察に逮捕され裁判にもかけられない政治囚が二五〇〇名ほどいて、凄惨な拷問が行われました（国連人権委員会の調査と非難決議、国際アムネスティの報告書）。

ウルグアイにおける拷問は米国製のテキストに基づいて行われ、情報機関の幹部はすべてパナマの米軍基地内の学校で訓練を受けました。これは当の情報機関員であったパウロ・ラポルデ・バヒコによって暴露されました（八一年十一月）。米政府のてこ入れを受けたエルサルバドル政府軍の拷問の実態は、元軍人のゴメス・モンタノによって暴露されました（八二年一月）。拷問はすべて米軍事顧問（グリーンベレー）の指揮と監視のものと行われるといいます。「後ろ手で縛られ床に転がされた若者を、軍曹は長靴で、口、頭、顔、睾丸を蹴り続ける。次に堅い棍棒をとりあげ、胸や足を滅多打ちにした。鈍い音がして棍棒が折れたかと思ったが、肋骨の折れる音だった。三人の米軍兵士はじっと監視している。次に指のつめをはがし、その間にナイフを突っ込む。今度は顔や頭の皮をはがしにかかる。／米軍顧問はヴェトナムで使った拷問を撮影した映画を写して政府軍兵を『教育』した。『お前たちのために、これを教えてやる。実際はもっと大胆にやることが必要だ』と言った。拷問にはいつも米軍兵士が立会い、手心を加えることは許されなかった」。この政府は同国人権委員会議長のマリアネア・ガルシア女史をも激しい拷問の末に虐殺し、デクエヤル国連事務総長は「衝撃を受けている」という特別の談話を出しました（八三年三月一八日）。

近年アメリカ政府による拷問として有名になったのは「テロ容疑者」に対する**グァンタナモ収容所**におけるものでした。非難を受けてもブッシュ（子）政府が水攻めなどの拷問を公然と正当化したことは、こうした伝統をみれば驚きではないのでしょう。つまりオバマ政権がこの廃止を方針としても、完全に実行できるか、責任者たちを処罰できるか、（無実のものも含め）被害者たちへの謝罪や補償がなされるのか、第二第三のグァンタナモが作られない法的措置などがとられるのか、いろいろ疑問は残ります。

## 6 思想の自由

魔女狩りを思い起こさせるような現象は、KKKなどによる黒人への暗殺や私刑(リンチ)にもみられますが、二〇世紀以降になると政治的な反対派が「非米的」として犠牲になります。一九二〇年、ある田舎町の強盗殺人事件で、靴職人のサッコと魚行商人のヴァンゼッティが逮捕されました。二人は労働運動にかかわっている無政府主義者として目をつけられており、「赤の移民(イタリア系)」として偏見を持つ国民も多くいました。本人は無実を主張、証拠不十分のまま殺人罪とされ、二五年には真犯人と名乗り出る者もあったのに、二七年処刑されました。ロマン＝ロランやアインシュタインなど国際的非難を浴び、五九年ギャング団の犯行と判明しました。

一九三八年、下院に**非米活動委員会**が置かれました。四五年の対独勝利後は「親ソ派」や社会主義者に対するいわゆる「赤狩り」(レッド・パージ)の中心になりました。四七年には政府職員の「忠誠テスト」が導入され、続いて映画界が標的になりました。一九人を喚問し現在または過去に共産党員であるかを審問し、また「仲間」の名を挙げるように攻め立てられ、こうしたことが米憲法の規定する思想の自由の侵害であると証言拒否した者一〇名は、国家転覆の陰謀のようなものは何も立証されなかったにもかからず、禁固刑が言い渡され、二〇世紀フォックス社から解雇されました。五〇年二月、上院議員マッカーシーが国務省に多数の共産主義者がいてスパイ活動をしていると発言するとこの動きは加速し数百名の政府職員が確実な証拠もなしに罷免されました(**マッカーシズム**)。物理学者のローゼンバーグ夫妻がスパイ容疑で処刑されたほか、作曲家バーンスタイン、歌手のピート・シガー、劇作家のアーサー・

ミラーらも被害を受け、チャップリンはこの「自由な国」に不安を感じてスイスに移りました。なおマッカーシズムを「魔女狩り」にたとえるのは私個人のレトリックでも反米派のレッテルでもなく、当時から言われたことです。五四年にマッカーシーの主張の虚偽性はようやく理解され始め、彼個人についてはデマゴーグとして当の上院からも弾劾されて終わりましたが、我が国での「非国民」呼ばわりを思わせる「非米」嫌疑者への人権抑圧は簡単に終わりません。アメリカ政府が「反体制派」とみなす者への監視は執拗です。たとえばノーベル賞作家の**スタインベック**は、一九三九年から六八年の死にいたるまで約三〇年間、米連邦調査局（FBI）によってマークされていました。これは国務省や中央情報局（CIA）などの要請を受けたもので、特に海外旅行時の行動や共産主義者とのつきあいが調べられていました。彼の行動を記録した八四頁のFBI文書が公表されて明らかになったものです。（『サンノゼ・マーキュリー』八四年六月一四日付）

「暴力、実力で政府を転覆することを教唆したり称えたりする」行為に極刑を定めたスミス法があります。この法令自体は民主的国家と両立しますが、日本の「破防法」の場合のように、適用次第では反民主的なものとなります。一九四〇年、米政府はこれを共産党員に適用しました。五〇年にはマッカラン法によって共産党と関係団体の登録を義務付けて活動を制限、さらには非合法化する措置がとられました。その後世論の批判によって露骨な弾圧は少なくなり、六八年からは共産党が国政選挙で候補者を立てることもできるようになりました。しかしマッカラン法は廃止されたわけではなく、外国籍の共産党員は帰化が認められず、多くの労働組合が共産党員の加入を拒否しています。二九の州では共産党員が選挙に出ることを禁じています。マッカラン・ウォルター法の差別的入国拒否条項により、米共産党大会に参加するための日本共産党代表団のビザ申請は七二年および七五年には拒否され、七九年にはじめて許可されました。

二〇〇一年の同時多発テロで「**愛国法**」が制定され、「容疑者」とされると司法手続きなしで拘束され、個人情報が裁判所の許可なく調べられるなど、「テロとの戦い」を錦の御旗に人権侵害はまた強まっています。

## 7 報道の自由

一九八三年、大韓航空機がソ連戦闘機に撃墜される事件がありました。この航空機がスパイ飛行を行っていた（ために領空侵犯した）という疑惑がありますが、雑誌『ネーション』はその「真相究明を阻む動きが続いている」として次のような事実を挙げています。①米空軍レーダーの航路記録が破棄されてしまった、②米連邦航空局が職員に対し、問題の便についての情報を一切口止めしている、③情報公開法に基づく資料請求に対しても回答が十分得られない、④上下両院の情報特別委員会による調査は、政府側の説明を受けただけに終わっている。（朝日新聞、八五年八月一七日付）

報道に対する圧力は、政府からだけでなく、メディアのスポンサーからもあります。エミー賞を受賞したアメリカのテレビ・プロデューサーのマーサ・スチュアート氏はソ連に関する番組を作ろうとしたときのことをこう語ります。「他の番組のときは喜んでお金を出した大企業や財団のトップが、今回はとてもちゅうちょするの。『非米活動委員会』に調べられて、ソ連寄りのレッテルを貼られるのがいやだ、と。その上、そうした番組を作りにソ連にいくのはやめたほうがいいと忠告してくれる人さえいた」（朝日新聞、八三年八月二四日付)。非米活動委員会は七五年に廃止されていたのですが、「大企業や財団のトップ」までがまだおびえていることに、影響力の浸透ぶりが感じられます。

## 8　犯罪を行う自由・武装する自由

周知のようにアメリカは犯罪大国です。一九八〇年の認知数を人口比で日本と比べます。殺人は十四倍、強盗は二四九倍、婦女暴行は三一倍です。勿論届出があったものだけです。検挙率を比べると、殺人は日本の97%に対し72%、暴行は日本89%に対し49%、強盗は日本76%に対し24%です。「二四分ごとにどこかで人殺しが、十秒ごとに家屋への押し入りが、七秒ごとに婦女暴行が行われている」(『タイム』八一年「暴力犯罪」特集号)。ニューヨーク市だけで七七年に六四一件の銀行強盗がありました。そのほとんどは二〇歳代の「アマチュア」によるものだそうです。窓口で早く金を受け取って逃げたいといらだつ強盗に行員が撃たれる例も多いので、同市にあるプエルトリコのポンセ銀行支店では、「ここではスペイン語を話します。もし強盗なさるなら、通訳が来るまで少々ご辛抱願います」という表示を出したそうです。(朝日新聞、七九年九月九日)

日本国民にとって衝撃的だったのは、一九九二年、バトンルージュに留学中の服部剛丈君が、ハロウィンである家を間違って訪れようとしたら射殺された事件でした。衝撃というのは、扮装した高校生が来ただけで銃を撃つほどアメリカ国民が不信と恐怖の中に暮らしているということが一つ、それが「正当防衛」として司法で無罪になったことがもう一つです。

アメリカでは銃の所持が広範に認められていることはよく知られています。規制強化の動きは弱く、規制反対派は法的根拠として憲法に「国民が武器を所有し、かつ携帯する権利」があることを挙げます。

しかしこの文言はその前に「よく統制された民兵は自由な国の安全保障にとって必要であるから」とあり民兵設置の権利を示したものです。しかしこれを個人に完全な武器所持を認めたものとする強引な解釈がまかり通っており、マイケル・ムーア監督の映画『ボーリング・フォー・コロンバイン』では、そうした気風がいかにアメリカに住む人々の「生きる自由」をよく保障しているかが暴露されています。

先に挙げたものと対比できる細かい数字は挙げられませんが、その後犯罪が減ったことは事実です。特に九四年からニューヨーク市長になったジュリアーノによる「ゼロ・トレランス」政策が他地域にも浸透した効果が大きいようです。ただしこれは治安の改善と引き換えに刑務所収容者の急増をもたらしています。（これは刑務所の一部民営化の結果でもあるようです。）今やアメリカでは二つの、「壁で囲まれた地域」が広がっています。一つは刑務所ですが、もう一つは富裕層向けの地域全体が壁で囲まれ「よそ者」を立ち入らせないところ（gated community）です。格差社会の究極の姿かもしれません。

## 9　テロの自由

ヴェトナム戦争中の七一年のメーデーに参加した反戦活動家を暗殺する計画をニクソン大統領が承認していたことが、一〇年後の補佐官との「ホワイトハウス・テープ」すっぱ抜きによって紹介されました。当時トラック運転手労組会長でニクソン支持者の（米の労組は多くが「御用組合」である）フランクの提案についてハルドマン補佐官とニクソンとのやりとりは次のとおりです。ハ「彼等はうまくやれると思います。トラック野郎にやらせましょう」。ニ「うん…。彼等は奴等（反戦活動家）をぶっ殺す連中を抱えている」。ハ「確かに殺し屋です。連中は、ご存知のように、本当にやる連中です」。なおこの暴露についてニクソンの弁護士と補佐官とは「肯定も否定もしていない」そうです。（『ニューヨーク・タイムズ』八一年九月二四日付）きわめて稀な出来事がたまたま明るみに出たと考える人は少ないでしょう。――近頃ではＣＩＡが「警備会社」（イラクでの活動は「戦争の民営化」の担い手とも言われている）にテロを外注した事件が報道されました（二〇〇九年八月）。

「外注」以前の話です。米政府は亡命キューバ人ルイス・ポサダをＣＩＡ工作員として、キューバへの武力侵攻を図った六一年のビッグス湾事件など、数々の作戦で用いました。七六年にはキューバ航空機を爆破させてベネズエラで裁判にかけられましたが、途中で逃亡。今度はパナマの国際会議でカストロ議長暗殺を謀った容疑で逮捕され、実刑判決を受けました。しかしパナマの大統領の恩赦により行方をくらませ、二〇〇五年、米国に入ったことが判明し、ベネズエラはこのテロリストの身柄引き渡しを求めました。「テロと闘う」米ブッシュ政権はポサダを「不法入国」で逮捕しました。二〇〇七年、テキサス州の裁判所は起訴を却下し、二〇〇九年に連邦大陪審が「公務執行妨害」で起訴、という状況です。すなわちアメリカは、自国へのテロに対しては「これは戦争だ」という決め付けで莫大な自他の犠牲もいといませんが、自国のテロリストの自由はできる限り守ろうとします。

## 10　核使用と威嚇の自由

アメリカは大量破壊兵器である核兵器を実際に使用した唯一の国です。一九四五年、広島と長崎に対するものでしたが、その後も何度も使用する寸前にまで至ったことがあります。五二年一月、第一次インドシナ戦争の際、米統合参謀本部は、ヴェトナム独立同盟会を支援する中国への原爆使用を提案しました。さらに五三年、フランスから軍事援助を要請されたアメリカは、中国軍がインドシナに入れば核兵器を使用すべきだと、六月の五カ国代表会議で決めていました（八四年九月十四日公開の米政府外交文書)。これを受けて米陸軍G３計画部は、広島型の三倍の原爆を空母艦載機で一ないし六発投下するよう提案しました。同年、朝鮮戦争においても、中国東北部や朝鮮半島中部への核使用が検討され、アイゼンハワー大統領も前向きの発言をしたことが記録されています。結局使用されなかったのは、道徳的考慮によるものではありません。その理由の第一は、ソ連との全面対決になるのを恐れたことであり、第二はダレス国務長官の恫喝外交によって中国から譲歩を引き出したことですが、もう一つの理由があります。八四年六月七日公表の文書から、次の部分を引用したいと思います。「日本の基地を空爆、特に原爆攻撃の発信基地に使用することは、日本が報復攻撃を受けるのではないかとの大きな懸念を日本国内にひきおこすだろう。吉田〔茂〕内閣は、米国がとるいかなる政策をも支持したいと考えているだろうが、同内閣はわずかに半数を超した不安定な政権である。(もし核攻撃発進基地に使用すれば)日本でいかなる政治的結果を生じるかを予測するのは困難である」。あえてコメントはしないでおきます。

一九六二年、キューバにソ連のミサイル基地の建設が始まりました。これを察知したアメリカ政府は撤去を要求、**J・F・ケネディ大統領**はいれられないときには開戦を決意しました。そのとき彼が理解していたのは、①独立国キューバが第三国に基地を提供することは合法的である、②アメリカもたとえばソ連国境近くのトルコにミサイル基地を置いている、③米政府がはじめた公海上の武力封鎖は既に戦争行為に該当し得る、④ソ連が拒否すれば核戦争になる、⑤米ソ核戦争になれば、無関係の人々も含め人類全体が壊滅的被害を受ける可能性がある。結果としてはソ連の譲歩によってこの**キューバ危機**は解決されましたが、人類全体を質にしたとてつもなく危険な賭けでした。今でも英雄視されているこのケネディは、人類絶滅の未遂犯として史上最大の悪人と私は考えます。

笹森恵子氏は一三歳で被爆しました。上半身を焼かれ、五日間生死の境をさまよいました。焼け爛れた顔は炭のボールのように焦げ、その皮を父がむきました。治療のため渡米し、そのまま残って準看護師になり、被爆証言も行ってきました。二〇〇八年、モンタナ州のある小学校での特別授業でも体験を語りました。地元紙のコラムは「トルーマン大統領の勇気がなければ」何十万もの犠牲が出たと原爆投下を正当化し、彼女の話が「学校の信頼を貶めた」と批判、学校は「二度と同じ講演を開かない」という手紙を保護者に出しました。（朝日新聞、二〇〇九年八月三日）米国民の多数は、原爆投下の正当性を一貫して信じています。

## 11　私達の問題

アメリカ政治の、イメージや建前と異なる面、いわば「悪い面」を取り上げました。これはあえて偏った見方をしたのは、逆の偏り、つまりアメリカを美化したり「よい面」を過大にみせる材料はいやというほどあるので、「中立」に苦労するよりこの方が読者に必要と思うからです。私も、アメリカがナチス時代のドイツ、スターリン時代のソ連、戦時中の日本より悪いというつもりはありません（ただしどこが違い、どこが実は共通するかは、検討に値する課題です）。ただ自らを「自由世界」（free world）と幼稚に思い込む、または意図的に喧伝するアメリカ人にまきこまれず、実態を表裏合わせて認識する必要があるでしょう。

アメリカ「自由主義」の（裏の）実態はそうだとして、その原因は何か。直接的・政治的な要因としては、保守二大政党の権力独占体制が挙げられましょう。また進歩的知識人と不満な大衆とがアメリカではあまり結びつかず、断絶や反感が目立ちます（スターリンからブレジネフまでのソ連でもそうでした）。さらにアメリカは人種問題を含め「不満な大衆」がそれ自体まとまれずに対抗的な政治勢力になりにくい点があるでしょう。

政治の「原因」として思想を持ち出す観念論は誤りでしょうが、アメリカ政治に「親和的関係」を持つ思想を挙げることはできるでしょう。第一は厳密な教義というより広義の**ピューリタニズム**。善悪二原論と使命感に基づく攻撃的なエートス、政教分離より国家宗教化への傾向として、「宗教右派」を筆頭に深い影響力を持ちます。第二は**社会ダーウィニズム**と結んだ生存闘争思想、政治経済的には新自由主義に傾かせます。第三は**実用主義（プラグマティズム）**。通俗的形態では「結果オーライ」の哲学であり、イデオロギーとしては「勝てば官軍」(Might is right.) に導きます。

# 第五章　平和への思想



## 1　平和への思索

私達の幸せは、多くの場合、平和があってはじめて守られ、あるいは実現されるものです。しかし病気になるまでは健康の大切さは忘れられがちです。私達は、外国での戦争や、昔の人の戦争体験を聞くときには、戦争の恐ろしさ、平和の値打ちを感じます。しかしそれはすぐに忘れられ、戦争の原因を深く勉強してみたり、平和を守るための日々の生活を考えてみることは、あまりしません。勿論これはよくないことで、むしろ戦争の一つの原因が、私達自身のこうした上すべりな態度、ちょっとめんどうなことは他人まかせにして身をかわしてしまう習慣にあるとさえ言えるでしょう。私一人ではどうしようもないとつぶやく者は、「どうしようもない」という結論を出す前に、「どうしたらよいか」を、どれだけ時間をかけて、どれだけ真剣に考えてみたでしょうか。

しかし、そもそも、戦争は「私にはどうしようもない」というより、人間にはどうしようもない、運命のようなものでしょうか。そのように考えたがる人は、とりわけ、人間界の出来事を科学的に考えることに未熟な人々の間にみられます。しかしたとえば、ローマ教皇ヨハネ＝パウロ二世は、広島に来た際の「平和アピール」において、このような考えに激しく反対し、「戦争は人間のしわざです」（すなわち神のせいでも運命のせいでもない）と断じています。「戦争という人間がつくりだす災害の前で、『戦争は不可避なものでも必然でもない』ということを、我々は自らに言い聞かせ、繰り返し考えていかねばなりません。人類は、自己破壊という運命の下にあるのではありません。イデオロギー、国家目的の差や、求めるものの食い違いは、戦争や暴力手段の他の手段によって解決されねばなりません。人類は、紛争や対立を平和的手段で解決するにふさわしい存在です」。宗教家は、社会科学的思考に好意的でなく、人間の不完全さを強調（または誇張）し、「人間への」信頼と希望とは「傲慢」で「有害」なものとして攻撃しがちであるかもしれません。しかしこの宗教指導者は、平和のために「人間への信頼の回復、人間の善の行為の能力、人間の正義に関する自由な選択、廃墟を新たな出発点にする人間の決意を信じること」を訴えているのです。どうして私達が、たいした努力もしないうちから、「どうせ人間とはこんな（愚かな）もんだ」などとうそぶくことが許されるでしょう。

## 2 意志と認識

戦争は人間のしわざです。戦争を起こすのは人間の意志であって、神仏や運命ではありません。では戦争を起こさないには、いわば戦争を起こそうと意志しないように意志すればいいのか。これで話がすむと考えるならばこれも観念論でしょう。たとえばある親がこどもが自活できるまでの何年かを自分は食べないで生きようと意志することは、抽象的には可能です。しかしそれが実行できないことはただちにわかりますし、したがってよほど妙な迷信に取り付かれたのでもなければそう意志する人はいないでしょう。逆にこどもが生まれた人が、自分の健康に気をつけようとか、養育や教育の費用を考えて無駄遣いをやめようとか意志することはおおいにありそうなことです。すなわち人々にある意志を起こしやすい、少なくとも一般的傾向性としての要因があります。それゆえ戦争の直接の原因が人の意志であっても、「平和を祈る」とか「反戦を決意する」というだけでは、戦争を防ぐには不十分な態度です。では多くの人に戦争を意志させるような要因は何なのか、戦争の「人間的な」要因を探求することが必要です。「過去を振り返ることは将来に対する責任を担うことです」、ヨハネ＝パウロ二世は、この言葉を繰り返し述べています。私達は歴史を学ばなければなりません。なぜ戦争は起きたのか（あるいはあれこれの時期、または時代において起きずにすんだのか）、を考えるためにです。たとえば第二次世界大戦、ヴェトナム戦争、あるいは湾岸戦争について、どれだけのことを、あるいは本当の原因を私達は知っているでしょうか。勿論、「物知り」になるためにではなくて戦争を防ぐためにです。——勿論人間は全知ではあり得ません。しかし私達がこれらに無知であればあるほど、戦争の再発を防げなくなる可能性は高くなるのではないでしょうか。偉大な哲学者ベーコンが言うように、人間は原因をよく認識するのに応じて、その結果を左右できるのですから、私達はたえず歴史を学ぶことに努める必要があります。勿論現在進行形の「歴史」を含めてです。歴史を知らないことや知らせないこと、あるいは偽造することには、大きな危険があります。

ところでこのような地道な経験的学習を妨げる言い分の一つとして、なるほど戦争は人間のしわざだとしても、それは人間本性の表れだ（だからなくせない）、というものがあります。それにもいろいろな種類があって、それぞれ反駁されなければなりません。（その一つである社会ダーウィニズムについては第一章でとりあげました。）しかしここではその言い分を聞いたうえでの反駁ではなく、たとえば次の反問をしてみたいと思います。江戸時代の二五〇年は戦争がなかった、しかし戊辰戦争からアジア太平洋戦争までの八〇年間は戦争続きだった、戦争が人間本性だとしたらこういう事実は説明できないではないか、と。これにも相手が譲らず、戦争は「本質的には」人間本性に由来するが、それを二五〇年起こさせなかったり一〇年に一度起こさせたりするような「要因」があるのだ、と言うかもしれません。そのときはその「要因」についての彼の説明を聞くまでもなく、それならその「要因」こそが重要で「本性」からの説明はほとんど無意味だ、と言えばいいのです。しかしなかには形而上学的思弁（へりくつ）好きな者もいて、二五〇年の平和の要因がわかっても（と言うことは原理的には三〇〇年なり三〇〇〇年なりも可能であっても）、「絶対の」あるいは「永遠の」平和は保障できない、などと言うならば、理論的に反駁するのでなく、道徳的に非難すべきです。いま苦しんでいる人をどう救うか、が政治的な探求や議論で優先すべきだからです。戦争を防ぐために当面必要なのは何か、が十分にわかってしまいみんなその気になったので、その後ではたして永久平和が人間に可能か考えよう、というならともかく、（何十年か何百年か知らないが）いま有効なことは何か、という検討を邪魔するようなかたちで屁理屈を言おうとするのは、不道徳で有害な態度だからです。

## 3　核時代の倫理

戦争は悪であると私は思いますが、現代においてとりわけ問題にしなければならないのは、核戦争の危険です。なぜなら核兵器の使用は、すべて大量無差別殺人になるだけでなく、たとえ限定的であれ一度核兵器が使われると、現代の戦略システムによって防衛と報復のための核が自動的に発射され、そのまま全面核戦争につながる危険も少なくないからであり、最後に核戦争になれば人類絶滅またはそれに近い事態が十分に起こり得るからです。アメリカが既に少なくとも数度、その使用を考慮したことは前に述べました（第四章）。

核戦争の危険性という事態に対して、思想家たちはどう考えているでしょうか。イギリスの哲学者**ラッセル**は、あらゆる考え方の人たちにとって、現在における最高の関心は、人類の今後の存続を確実にするということでなければならない、と述べています。つまりどんな哲学や政治や経済を選ぶにせよ、それは人類が存続した上で意味を持つのであり、ともかく人類の滅亡を防ごうという点では、誰もが一致できるはずだ、というのです。そこからラッセルは、核兵器に反対し、平和運動に味方する思想家となりました。この主張は彼の哲学からというより彼の良識からくるものであり、彼の哲学には賛成しない者にも同意できるものと思えます。しかしラッセルがこれを発表すると、ただちに反対の声もあがりました。たとえば英上院議員コーンズフォドは、ラッセルの主張を「明白な誤り」と決め付け、ラッセルも、堕落した生き方よりは死を選ぶだろう、それゆえ生存が第一ではない、と述べました。ドイツの実存哲学者**ヤスパース**も同様に言いました。彼は、「全体主義によって自由を奪われるならば生は生きるのに値しないものとなろう」として、人類の存続を賭けた「途方もない決定の瞬間がやってくるかもしれない」と語っています。（『原爆と人類の将来』）

ヤスパースのような考え方は正しいのでしょうか。彼が、「全体主義」と言っているのは、直接にはスターリン時代のソ連を指しています。「全体主義」には「自由」がなく、それゆえ人間にとって望ましい生存条件でない、と考える人がいるのは理解できないことはありませんが、イデオロギー的な極論だと思う人もいるでしょう。問題はしかしたとえこの点においてヤスパースに同意すると仮定しても、こうした主張は、粟田賢三が言っているように（『思想と現実』）、次の三点によって、論理的に誤っているということです。①彼の言う「全体主義」のほうがよいという人もいます。そのような体制より死んだほうがましだという考え方をヤスパース個人あるいは多数者にとってさえ是認できるとしても、そう考えない人もたとえ少数でもいれば、「それゆえ人類が滅びても仕方ない」というのは、詭弁であり不寛容です。②「全体主義」はよくないが、それでも死ぬよりはましだと思う人もいます。ヤスパースはそういう人々にかわって自分の「賭け」を行う権利は持ちません。③「全体主義」の悪さが客観的に示され得る（それゆえ将来的には誰もが認め得る）とさらに仮定しても、（むしろそれならいっそう）人類が生存している限り、やり直しの可能性があります（実際その後ソ連国民がこの体制の改善を試み、ついにはすっかり変えたことを、私達は知っています）。しかし人類が滅びてしまえば、もしヤスパースが正しかろうが間違っていようが、もはややり直しできません。訂正が絶対に不可能かもしれない選択が、そうでない選択よりも正しいとは言えません。

このようにヤスパースのような考え方は間違っており、たいへん危険なものです。しかしそれはアメリカの反共意識の中などで広がり、"better dead than red"（赤よりは死んだほうがいい）という「勇ましい」標語の前で根づいてしまいました。（自分の）死を冒してもある価値を守ろうとするのは勇敢には違いませんが、価値観が違う者への配慮を欠くとき、それは恐るべき狂信、むしろそのほうが「全体主義」的な支配欲にほかならなくなります。核戦争を防ぐためには、**寛容の原理**（それは不寛容に対する不寛容を含む）に基づき、核兵器の廃絶をめざす運動が必要です。

## 4　具体的知識と判断の必要性

日本の国際的貢献ということがさかんに言われます。日本が国際社会で務めを果たすことは、確かに望ましいことです。しかしそれはどのようにでしょうか。抽象的に平和を唱える限り、それは大部分の人の同意を得られますが、大事なことは、個々の具体的な事柄において、それが平和に向かうことか反することかを判断し続けることです。たとえば湾岸戦争に日本が金なり人なりを出すことが「平和のため」と主張した人と、出さないことが「平和のため」と主張した人とがいました。このような意見の分かれる事柄において、自分の判断を持つことが必要です。抽象的に平和を唱えることより、これは恐ろしいことであり――なぜなら反対側から叩かれる可能性をひきうけることですから――、また面倒なこと――、なぜなら具体的判断を下すには具体的な知識を得なければならないから――です。「よくわからないけど早く平和になってほしいねえ」と、具体的判断を避けつつ、善人ぶって「平和を祈って」いることはたとえ偽善でなくても努力不足であり、結果的にはそのような人々が戦争（状態）を長引かせている面さえあります。断固として「偏る」こと、ある人々には「論敵」として悪人視されることが必要です。たとえその判断が誤ったとしても、反省する誠意がある限り進歩の可能性があるのに対して、「よくわからないけど平和がいい」としか言えない人は、馬鹿にされたまま、肝心のときに「平和のため」と信じこまされて戦争政策に賛成することにもなりかねません。たとえば「自衛隊」の海外派遣についてなら、掃海艇ならよいのか、海賊対策ならよいのかなど、常に現実的な問題に敏感になり、それらに具体的に通じている必要があります。「それは何なんだ？」「それは賛成すべきことか反対すべきことか」を常に明らかにしておく、そうした訓練を、常に自分自身に課する必要があります。

「国際貢献」と憲法の関係を考えてみましょう。日本国憲法は次のように記しています。「日本国民は、恒久の平和を念願し、人間相互の関係を支配する崇高な理想を深く自覚するのであって、平和を愛する諸国民の公正と信義に信頼して、われらの安全と生存を保持しようと決意した。われらは、平和を維持し、専制と隷従、圧迫と偏狭を地上から永遠に除去しようと努めている国際社会において、名誉ある地位を占めたいと思う」。これは前文です。そして第九条では、「戦争の放棄」と「戦力の不保持」「交戦権の否定」を決めています。これを、憲法発布直後に文部省が中学一年用に出した副読本では次のように説明しています（『新しい憲法のはなし』）。「こんどの憲法では、日本の国が、けっして二度と戦争をしないように、二つのことを決めました。その一つは、兵隊も軍隊も飛行機も、およそ戦争をするためのものは、いっさいもたないということです。これからさき日本には、陸軍も海軍も空軍もないのです。これを戦力の放棄といいます、（放棄）とは（すててしまう）ということです。」「もう一つは、よその国と争いごとが起こったとき、けっして戦争によって、相手を負かして、じぶんのいいぶんをとおそうとしないということをきめたのです。……また、戦争とまではゆかずとも国の力で、相手をおどすようなことは、いっさいしないことにきめたのです。これを戦争の放棄というのです」。

この憲法をどう考えるかという問題は、抽象的にその「理念」に対して賛否を唱えればすむ問題ではなく、いろいろな現実問題に対して、その有効性や「生かし方」を考えることによって、はじめて結論が出る問題です。たとえば、外国が侵略してきたときにはどうするか、在外日本人が危険にさらされたときにはどうするか、海外にある日本の「権益」の守りについてはどうか、国際社会全体の平和に向けての積極的貢献とは何か、などです。ここでは、第二に挙げた例についてだけ、さらに考えてみます。

## 5　在外邦人保護の例

実際に起こった例としては、一九九〇年のイラクによる人質事件があります。これは実際には（アントニオ猪木の活躍によって？）大事に至る前に全員解放されたものの、そうでないときにはどうするのか。やはり同胞の生命を守るためには、適度な軍事力とその行使が必要だ、と言う人もいるでしょう。これに対してはこうも問われ得ます。では軍事的に備えていれば、在外邦人が人質になるようなことはあり得ないのか。そんな保障はないことは、世界一の軍事大国アメリカでさえ、イランで大使館員などが人質にとられたことを思い返せば明らかです。この例からもわかるように、量的に考えて軍事的備えが大きいほど危険が少ない、とは言えません。危険は軍事力からは独立した要因、たとえば双方の外交的関係のよさ悪さなどにも依存しています。そこで逆に、在外邦人を助けだす軍事的意図や能力がないことは、その危険性を増すとだけは言えず、それを減らす要因でもあり得ます。なぜなら海外派兵の意図や能力がないということは、相手国にしてみれば、侵略される危険もないということで、そのような国に敵対することは、自国自体にとって大義も利得もないからです。したがって私達は、いまの在外邦人は「国軍」によって守ってもらえないというまさにそのことによって守られているのだ、と言うこともできます。イラクの例からわかるように、勿論これも絶対とは言えません。しかしどちらにしても絶対安全と言えないなら、私達は、まず自分たちの攻撃を抑えるということによる安全保証の道を、追求するに価するのではないでしょうか。念のために言えば、こちらは丸腰だからやられるはずはない、といった単純な善意だけで通るほど国際社会が甘いと思うことはできません。十分警戒もしなければなりません。また事件が起きないようにあらかじめ十分な（非軍事的）備えはすべきです。（これも、この一言ですまさないで、そのためには自分自身が自らの場で何ができるか、なにをすべきかを、いろいろ考える必要があります。）善意でことをすますのではなく、善意から出発して、知恵といろいろな力を発揮して平和をつくっていくことを、積極的に追求すべきです。商売や観光で外国に行く日本人は、何かあっても軍隊で守ってはもらえないのだということ、私達は在外邦人の安全を日本の軍隊に期待したり求めたりしてはならないのだということ、これを覚悟しなければなりません。いや覚悟するだけでなく、日本とはそういう国であることを外国人に広く知らせることは、それ自体が平和への第一歩となり得るのではないでしょうか。つまり、「平和国家」として認知されることは日本への武力攻撃の可能性を減らす防衛政策であるとともに、またもしかすると他の国で、自国もそれにならおうとする動きを起こす国際貢献になるかもしれません。「憲法九条を世界遺産に」という**太田光**氏などの発想は、この意味で興味深いものです。

## 6　一般国民と戦争

憲法にも書かれているように、戦争は「政府の行為」（前文）です。この前の戦争でも、私達は相談に与ったどころか、反対意見はすべて弾圧された上で、「宣戦の詔勅」を突如賜り、大御心のままに戦いました。差別用語ですが、当時そうした言葉で国民を洗脳したことを忘れないために敢て使えば、「支那のチャンコロ」や「南洋の土人」や「鬼畜米英」やに対して我々は正義の、少なくとも正当な戦いをしていると信じました。国民全体に責任を押し付ける「一億総懺悔」論は、この意味では欺瞞です。しかしまた無視できないのは、そのような政府をつくった（倒せなかった）のも国民であり、多数の国民は当時は戦争を支持していた（させられてしまっていた）ことです。湾岸戦争においても、イラク、アメリカの双方とも国民の多数派は戦争を支持していました。一般に、どんな独裁国家でも、多数の国民の支持がなければ、戦争を（始めるとは言わないにしても）続けることは不可能です。ではここで、国民自身が（野心的な政治家や軍人がではなく）侵略戦争を支持するときの理由を考えてみましょう。これはすなわち、国民が反戦の意志を継続するには何が必要か、という考察につながります。

①経済的利益をあてにして。――利益を認めるとしても、この考え方には次のような問題点がありま す。a戦争は殺人であり、その道徳的悪は経済的利益で償われるものではない、b国内が「食えないほど貧しい」としても、その解決策は国内的、平和的に求められるはずであり、他国を犠牲にして「活路を求める」ことには常に支配者、または為政者の欺瞞がある。c負ければ元も子もない。損得計算からしても危険な賭けである。d勝っても味方に犠牲はつきものである。国民が死に、傷つくことの損失と「戦勝利益」との関係はどうか。eしかもたいてい、犠牲は弱い立場の人々に多く、利得は一部の人間に偏りやすい。大声で国益や「愛国心」を叫ぶ人々が、自分や身内の利益しか考えていないことはあまりにも多い。f戦勝してもそれは敗戦（被征服）国や第三国の反発を呼びやすい。それは次の戦争や、それに備えるための軍拡などを導き、戦勝利得は「長い目でみれば」むしろ損失の要因ともなる。

②「正義」だと信じて。――これに対しては、国民が「自分の頭を使う勇気」を持って、賢くなっていくしかないでしょう。盲目的な信念は危険であり、悪徳です。

③「臆病者」「非国民」などと非難されたり迫害されたりするのを恐れて。――「戦争はこわい」と公言することが勇気あることであり、時の政府に反対して入牢することが国を愛するゆえんであることがあります。「本当の勇気」を身につける訓練を日頃から積む必要があります。また少数派の存在を許さない不寛容な社会にならないように、日頃から努力する必要があります。

④よくわからないが多くの人が支持しているので流されて。――言うまでもなくこれは最も卑劣な生き方であり、悔い改めよ！と喝を入れるしかありません。いくつかの「ただし書き」だけ加えましょう。

aよく考えたのだが、結論が出ないのでとりあえず多数者に従っておく。――これは形式的には納得できる態度ですが、この場合（侵略戦争）にはあてはまるとは思われません。b自分個人としては反対だが多数者が正当な手続きで（たとえば議会の承認を得て）侵略戦争を行っているときは、むしろこれに従うのが（民主的で）正しいのではないか。――この際、多数者による決定に従うということと、その決定に賛成するということとを区別する必要があります。たとえば「国旗国歌法」に反対の者が、「君が代」を日本の国歌とすることに法律成立後も反対であり続けることと、「君が代」が現状においては国歌であると認めることとは別です。なお、形式上は民主的に侵略戦争が決定されたとき、それに反対するのに言論などによる合法的なものにするか、徴兵拒否、その費用分の納税拒否など非合法なところまでふみこむかは、倫理上および戦術上の、一言では論じられない難しい問題です。――以上が「ただし書き」

です。

冷戦は終わっても、「力による秩序」と「力への信仰」は終わっていません。核戦争の危険、生物・化学兵器の開発、武器輸出の拡大も続いています。その中で日本は、近隣諸国と世界の信頼を得ているでしょうか。恒久平和のために、一般的に、またそれぞれ自分の立場において、何をしなければならないか、考え、話し合い、学ぶことが必要です。

この章全体から言えることを、もう一度まとめてみます。①平和と戦争について――一般に政治について考える際には、倫理的・主体的に考えなければなりません。つまり木星や朝顔を研究する際のように単に客観的な態度でなく、自分（たち）はどうすべきか、という問題として考えるべきです。②しかしそれは主観的な態度、願望や善意の表明で終わってはなりません。つまりたとえば過去の戦争や現在の政治情勢について知る際に、木星の軌道や朝顔の成長を認識する際のような、客観的・合理的・理論的な態度が必要です。③この認識において一般的な法則性や傾向性の理解は目的でなく手段です。つまりそれを参考にできることによって個々の具体的認識において誤りにくくなります。そして個別的判断のほうが重要であるのは、（評論家的におしゃべりするなら一般論もいいでしょうが）倫理的主体としてふるまうのは常に具体的にだからです。この意味で（評論家ないし傍観者としてなら「中立」もよそおえますが）私達は多く場合断固として偏らなければなりません。④しかしこの偏るということは、自分の価値観や正義感に殉じるつもりなら何でもよいというわけではありません。異なる価値観を持つ者も存在する権利を認める寛容なものでなければなりません。しかし逆からいえば「信念なきことは寛容とは異なる」

（ヴェーバー）わけで、大勢に流されていけば無難だ、という態度は、（いじめを傍観している人のように、）残酷な不寛容に加担していることにもなりかねません。異をとなえられる勇気を持つこと、また対立する他者に対しても（相手がそうしない限り）暴力や権力で存在そのものを否定するのでなく、（思想的または文化的には）争いながらも共存できる制度や慣習を育てること、これが政治文化の成熟でしょう。⑤そして最終的には、（と言ってもすべての決定が「最終的」です。間違いだったと思って反省したり意見や態度を変更したりはできても、「なかったこと」にはできないという意味において、また最終決定を「引き延ばす」という決定をしたという場合も含めて）私達は政治的主体としては偏らざるを得ないとしても、それに「自分なりの理由」があるというだけに満足しないで、反対側に偏る人（敵）にもそれなりの理由がありはしないのか、敵は自分にどのように反対できる（している）か、を含めて、できる限り複眼的・多角的に考えることが望ましいでしょう。

# 第六章　改憲論をめぐって

本章は、小沢一郎氏が雑誌に発表した改憲試案の批判的考察と、自民党の新憲法草案を中心とする問題についての長屋談義とである。小沢氏は今までの各章でわかるとおり、一九九〇年代以降の日本政治のキーパーソンの一人であり、二〇〇九年鳩山政権における民主党幹事長で今の日本の「最高実力者」の声もある。彼の憲法観、政治観がこの「試案」では如実に示されている。他方自民党は小泉政権での「ブーム」に乗り、「美しい国日本」を掲げた安倍晋三首相が改憲を強くうちだした。新憲法草案は舛添要一参院議員を中心にまとめたもので、やはり自民党の憲法観、政治観がうかがえるものである。それぞれの時期に書いたものがもとになっているのでスタイルも違うが、著者の意見を含めた考察として参考にされたい。

## 第一節　小沢一郎氏の「改憲試案」の紹介と批判的評注

『文藝春秋』一九九九年九月号発表。《　》内は小沢氏の文である。《時代が変わればルールも変わるはずなのに、五十年以上も憲法は改正されていない。新しい時代に必要な価値観を書き加えられることもなく、化石同然の代物を後生大事に抱えている。それなのに現行憲法が完璧であるかのように主張する人達が多い。》

疑問一。小沢氏の考えでは、いつどのように時代は変わったのか？

批判一。「現行憲法が完璧であるかのように主張する人達」とは誰か。批判のときには、対象を明瞭に示すことが必要である。私の知識では、このような「主張する人達」は「多い」どころか一人も知らないのだが。相手の主張を歪めたり戯画化したりして自分の正当性を印象づけようとするのは、ありがちだが感心しない論法である。

《占領下に制定された憲法が独立国家になっても機能しているのは異常なことである。民法においては、監禁や脅迫により強制された契約が無効であることは自明の理である。それなのに話が憲法になると「占領下であっても国会で論議されて、正当な手続きを踏んだ上で定められている」などと、法の精神を無視した主張が罷り通るのである。》

批判二。小沢氏は、この「主張」が「法の精神を無視」していることを証明していない（そしてまたこの「主張」は正しい）。

批判三。小沢氏は、憲法が「強制された」ものであることを証明していない（そして事実強制されたものではない）。しかし民法をたとえとして持ち出すことによって、憲法がまるで「強制された」ものであるかのように読者に（まちがった）印象を与えようとしている。これも悪質な論法である。

《日本では長い間、憲法改正を論じることさえも憚られていた。》

批判四。臆面もなく語っているが、まったく事実に反する。歴史を少しでも知るものなら、むしろ戦後の日本史は改憲をめぐる何度かの大きな論議にみまわれたことがただちに思い出される。自分たちは、論敵の側から不当におさえつけられていた善意の弱者であるかのごとくみせかける論法。

《日本国憲法は立憲君主制の理念に基づく憲法である。天皇が一番最初に規定されていることからも、それは明らかではないか。》

批判五。「君主制」とは「（国民が選ぶのでなく）血筋などにより定められる一人の人間が国家の主権を持つ制度」のことであり日本国憲法はこれに該当しない（前文および第一条）。

疑問二。天皇のことが憲法で最初に書かれているがゆえに、日本が君主制であるのは「明らか」だと小沢氏が本当に考えているならば、人は彼の頭の程度についてどう判断するべきか？

《第六条に書かれているように、主権者たる国民を代表し、若しくは国民の名に於いて内閣総理大臣及び最高裁判所長官を任命するのは天皇である。又、外国との関係でも天皇は元首として行動し、外国からもそのようにあつかわれている。このことからも国家元首が天皇であることは疑うべくもない。》

批判六。第六条では、天皇が国民を代表するとも国民の名においてふるまうとも書かれていない。（国民の代表は国会議員——前文。）外国との関係で天皇を元首として行動させ、外国からもそのように扱わせているのは、自民党政府が憲法に違反して行ってきたことである。現在の日本の元首は、宮澤俊義氏などが言うように、首相とするのが妥当である。

疑問三。小沢氏はなぜ天皇を権力者にしたがるのか。むしろなぜ共和制ではだめなのか?《第九条は〔…〕直接の攻撃を受けなければ武力による反撃はしない。ということだ。》

批判七。まちがった解釈である。直接の攻撃を受けても「武力による」反撃はできない。

小沢氏は自衛権は国家の正当防衛権として認められるとする。これは一般に認められている。しかしこれを根拠に、《第三国の武力攻撃に対する〔…〕ための戦力の保持》を入れるという試案には論理的飛躍がある。

批判八。自衛権は必ずしも武力による自衛権(自衛のための交戦権)を含むものではない。小沢氏はこれを(まちがってかわざとか)同一視している。武力によらない自衛の方法も(賛否はともかく少なくとも考え方としてまた歴史的事実として)ある。

小沢氏は国際協調主義の名において、《兵力の提供をふくむ〔…〕貢献》を条文に入れよと言う。国連に加入しながら国連の平和活動(ここでは軍事力を伴う平和維持活動のこと)に参加しないのは《支離滅裂》であると言う。国際社会で名誉ある地位を占めるために「金だけ出す」のは《もはや通用しない》と言う。

批判九。国際協調のあり方は軍事力によるものだけではない。むしろ日本はどんなことがあっても海外派兵はしない国であり続けることも、国際平和への日本の貢献であり得る。これが「支離滅裂」である根拠を小沢氏はなんら示しておらず、事実この選択肢は「支離滅裂」ではない。最後の言葉も根拠に欠ける。「金だけ出す」方針は、護憲派というよりたとえば湾岸戦争での自民党政府の決定であった(。たしかにそのとき小沢氏はそれに反対した)。憲法の精神からすれば(戦争のための)金も出すべきでないというほうが本筋の主張であろう。小沢氏はその主張でなく、金だけ出せばいいという考えのほうを槍玉にあげて、「兵力」も出すべきだという自分が正論であるかのごとくみせかける。

疑問四。ここは小沢氏がいちばん力を入れているところのようである。しかしなぜ彼は日本の「軍事貢献」を求めるのか。「もはや通用しない」という言い方は、日本のためというより他との関係がより考慮されているようだ。しかし日本の軍事貢献を正式に求めている国があるのか。あるとすればアメリカくらいだろうが、彼はアメリカが求めるがゆえに必要と考えるのか?

《兵器・技術の発達により〔…〕集団安全保障の概念、すなわち地球規模の警察力によって秩序を維持するしかない。》

批判十。「すなわち」の一言で「集団安全保障」すなわち軍事同盟と「地球規模の警察力」(小沢氏は国連常備軍を指している)を同一視させている。国連常備軍は必ずしも否定しない(ただし日本は加わらないべきと考える)が、軍事同盟はむしろ平和のための障害と考える意見もあり得る。

《「グローバリゼイションとはアングロサクソン原理の国際化である」と言って批判する人がいる。しかしそんなこと言っても、どうしようもない。世界はそれに基づいて動いているのだから〔…〕。》

批判十一。ここには最悪の形態における「保守主義」が出ている。(私は「よい保守主義」もあることを認める。というより小沢氏の立場からは「守旧派」かもしれない。)すなわち現に進行していることをただそれゆえに正しいものとし、それに追随することを正当化する理屈である。判断力も批判力も改革力も投げ捨てるのは、もはや政治ではない。（ところでこの「批判」はほぼ正しいし、この動きは「どうしようもない」運命とも私は考えない。また「アングロサクソン原理」が経済的にも軍事的にもどんどんゆらいでいるのが、二十一世紀の世界であろう。）

《アメリカと手を切ることは、日本が鎖国することに等しい。》

批判十二。これも論敵を単純化したすりかえ。小沢氏の反対派で、誰が「アメリカと手を切る」ことを唱えたか？ アメリカ様々には御無理ごもっともと犬馬のお仕えをするか、さもなければ手切れかというのは、まちがった二者択一である。安保破棄に与し「反米」と言われる人々がめざしているのは、日本の独立と日米の対等の要求であって、手切れでも鎖国でもない。

《「この〔小沢試案による〕憲法の保証する基本的人権はすべて公共の福祉及び公共の秩序に遵う。公共の福祉及び秩序に関する事項については法律でこれを定める。」》

批判十三。これは人権骨抜き事項である。法律さえつくれば人権をどんどん制限できることになる。実際それが大日本帝国憲法の大きな欠陥の一つであった。法律といえども（すなわち多数意見といえども）侵してはならないのが基本的人権であり、むしろこれを侵害する法律などは無効であることが最高法規としての憲法は明記しなければならない。（そして日本国憲法は明記している。第九七条・第九八条。）小沢氏の具体的な狙いはすぐに明らかになる。

《たとえば通信傍受法案。これは国防を含めた治安維持に欠かせない。》

批判十四。確かに盗聴法は「治安維持」に、すなわち警察支配の暗黒政治に欠かせない。ところで小沢氏がこのときここで盗聴法案を憲法改定の必要性の一つとして挙げていることは、それが現憲法に違反していることを暴露している。むしろ私達はこの法律（九九年制定）を廃止し、意図的な通信傍受（すなわち盗聴）を禁止する法律を制定すべきである。特に公務員による盗聴は厳罰にされなければならない。

《住民台帳をつくるのも、税金のためだけではない。有事の安全保障や緊急時の危機管理に必要だからこそ、背番号制度を導入するという形で論議されるべきではないか。》

批判十五。小沢氏の意図が戦争準備とそのための国民統制にあることがだんだんわかってくる。国民背番号制は人権侵害として阻止しなければならない、他国の憲法には、（小沢氏と逆に）その禁止を明示したものもある。（たとえばポルトガル憲法第三五条はすぐれている。）

《第20条の信教の自由に基づいて最高裁が憲法違反とした愛媛県の「玉串料判決」は、八百万の神を信じる日本人にはピンとこない。》

批判十六。私は八百万の神を信じない日本人なので、この判決は当然と思う。いや八百万の神を信じる日本人も、そうでない日本人も信教の自由を認めることが、寛容と民主主義の根本として重要である。

《信教の自由は、宗教と国家が結び付いたファシズムの抑止に限定してはどうか。》

批判十七。小沢氏のように、国家や地方公共団体が特定の宗教を支援することを許容することが、まさに「宗教と国家が結び付いたファシズム」である。私達はその再来を許してはならない。小沢氏の憲法が成立すれば、私のような発言をする者は、いまは右翼から「非国民」「日本から出て行け」と言われるだけだが、国家からそう言われることになる。（既に岐阜県知事などは言っているが。）

小沢氏は、現代の二院制では《強いリーダーシップが発揮されない》ことを無念がり、無駄とする。そこで《「参議院議員は衆議院の指名により天皇が任命する。その任期は終身とする。」》との改憲を求める。国民の選挙によらない参議院議員は「名誉職的なもの」として《個々の利害関係から遮断し、公平中立な判断を行わしめるのがよい。衆議院を通過した法案は、参議院で否決されても衆議院に戻され、通常議決〔賛成多数〕で可決できるようにする。利害の絡まない参議院がチェックしているという事実の重みに、両院制の存在意義が生まれるのである。》

批判十八。現代の二院制には功罪ともにあると思う。ただし「強いリーダーシップ」など発揮されないほうがよい。また利害関係から遮断された公平中立な判断など、小沢氏らしからぬ空論である。特に国民でなく衆議院が選ぶのなら、いま以上に《カーボンコピー》になるだけであろう。彼の発想の根底にいつもみえるのは、できるだけ民衆の位置を低くしようということである。

《「内閣は、国又は国民生活に重大な影響を及ぼす恐れのある緊急事態が発生した場合は、緊急事態の宣言を発令する。事態宣言に関する事項は法律で定める。」緊急事態宣言の発令については、天皇の国事行為にした方がいいかもしれない。》

批判十九。小沢氏の改憲の第一目的が戦争準備にある以上、戒厳令の法制化をめざすことは当然であろう。（事後であれ）国会の承認も含まない内閣命令による戒厳令で国民の権利が奪われることは恐ろしいが、天皇の名で行うのというのは、まさに戦前のファシストたちの戦略であった。

《首相公選〔…〕の状態の中で君主としての天皇の位置付けは不可能である。したがって首相公選制は、天皇制の廃止を前提とする以外に、これを採用することはできない。》

批判二十。思いがけない議論であったが、論理的には一理ある。私も首相公選制には賛成しないが、理由は異なる。既述のように、現憲法で天皇を（元首どころか）君主とする彼の妄論が前提では笑うしかない。それにしてもなぜ彼は（象徴天皇制どころか）君主制を支持するのか。やはり戦争と国民統制に役立つからか？

《この条文〔八九条〕を読むと、私学助成金は明らかに憲法違反である。》

批判二一。改憲論者が近ごろよく持ち出すダミーの論点である。しかし条文もそうは読めない。宗教団体による私立学校も、教育基本法を順守している限り、「公の支配に属しない慈善、教育若しくは博愛の事業」（第八九条）に該当しないから、そこへの公金支出はただちに違憲とは言えない。

《今ではほとんどの世論調査で、改憲に半数の賛成者がいる。》

批判二二。一九九〇年代以降、改憲賛成が増えてきたことは事実である。しかしその理由や、どこをどのように変えたいかを聞くと、小沢氏と同意見なのはかなり少数である。たとえば「新しい人権」の明文化などを考えている「改憲派」なども含めた数で、まるで自分の改憲論が世の流れになっているかのような印象づくりをしているが、よく注意しなければならない。

結論。国会では改憲派が多くなった。鳩山由紀夫氏も祖父一郎の志を継ぎ、（九条を含む）改憲論者であり、改憲に向けた「憲法調査会」の活動も始まった。独自の改憲案を出した『読売新聞』をはじめ民間の改憲運動もさかんである。私は現憲法が絶対とも最高とも思わないが、これらの改憲論は批判的に検討すべきであると考える。またこの「試案」にもみられる小沢氏の政治姿勢は感心できないものである。

## 第二節　改憲問題のいろは――ある長屋談義――

甲平：憲法改定のための国民投票法が成立した（二〇〇七年）。日本国憲法が改定されるのだろうか。
乙郎：その尋ね方はよくないね。まるで自分は国民の一人ではないかのようだ。
甲平：いや、国民の一人だからこそ、憲法がどうなるか関心があるのだが。
乙郎：関心があるのはよいことだ。しかし改憲は自然現象ではない。今度の台風は日本に上陸するだろうか、というのとは違う。改憲になるかどうかを決めるのは、国民自身だ。だからまず問うべきは、改憲すべきなのかどうかだ。
甲平：なるほど。しかし恥ずかしながらそれはどうすべきか、自分には持ち合わせの考えはない。そこで尋ねるが、改憲すべきなのかどうか。
丙太：その問い方もよくない。よく変えるならすべきだし、悪く変えるならすべきでない。ここをこのように変えるというのはよいか悪いか、と問わなければ無意味な問だ。
甲平：それまたごもっとも。そして重ねて恥ずかしいが、いま話題になっている改憲はどこをどう変えようということなのか。

丙太：念のため確認するが、誰の改憲意見のことか。話題になっているのは必ずしも一つではないが。

甲平：いくつあるかわからないが、さしあたりたぶん一番話題になっていると思う安倍首相の意見について聞きたい。

乙郎：自民党案のことだな。一番変えたいところは、現憲法の第九条で、「自衛軍」を持つことと「集団的自衛権の行使」ができることをはっきりさせるように変えたいとしている。それはいいと思うかね。

甲平：確かにそんな風なことを聞いたが、すぐに「そりゃいい」とも「そりゃまずい」とも断言できない。ご意見と理由をお聞かせいただきたい。

丙太：私はよくないと考える。なぜなら、それは日本がアメリカのお先棒を担いで海外で戦争をする国になることを意味するからだ。

乙郎：安倍さんや自民党案の賛成者たち（以下ここで「改憲派」と言うのはこの意味に限定する）はそういう説明はしていないようだが。

甲平：ではどういうことを言っているのかい。

乙郎：まず⑴、現憲法は占領下で作られたものだから、「戦後レジーム」を脱却する必要がある、と。

丙太：確かに現憲法は日本が連合軍に占領されていた時期に成立したものだが、しかし占領軍が決めたものではなく日本国民自身が（厳密に言えば、男女同権の普通選挙で選ばれた国会議員が）決めたものであり、決める際に占領軍が強制したり脅迫したりするようなことはまったくなかった。安倍さんもそうは言っていない。「占領下で作られた」という言い方で、まるで占領軍が決めたか、占領軍に日本人が「押し付けられた」かのような印象を与えようとしている言葉のトリックだ。

乙郎：そうだとしても(2)、もう六〇年前のことではある。憲法は「不磨の大典」でなく、時代に合わせて改定すべきで、こんなに古い憲法を墨守している国は他にない、と。

丙太：第一に、護憲派は現憲法が神聖不可侵だから変えるべきではないなどとは言っていない。改憲案が悪いから反対しているのだ。第二に、六〇年で長いというなら、五〇年なら長くないのか、四〇年なら長くないのか。どこがどう時代に合わないか言わなければ、無内容な議論だ。よいものなら、仮に六〇年どころか六〇〇年変わらなくてもむしろ誇ってよい。

乙郎：(3)いまは自衛隊があり、日米安保条約がある。それが憲法とは合わないとも言われる。改憲はこの現実に合わせるものに過ぎない、とも言われる。

丙太：確かにそこには現憲法と現実の食い違いがある。しかしそれも自然現象のような「時代の流れ」によるものではなく、政府が憲法違反をしてきたからだ。どんな立派な法令をつくっても、それが守られるかどうかは別問題だ。殺人は違法だが、現に人殺しはいる。だから現実に合わせて殺人を合法化しようと言うだろうか。法に合わせて殺人をなくそうと努めるのが当たり前ではないか。法令のよしあしを決めるのは、それが現実に合っているかどうかではなく、守るべき事柄であるかどうかという価値観だ。

甲平：自衛隊や日米安保は形式上違憲かもしれないが、今では国民の半分以上はその存在に賛成している。したがってそれの合憲性をはっきりさせるために改憲するのは、民意に沿うのではないか。

丙太：「自衛隊」や日米安保自体のよしあしについては、ここでは論じないことにしよう。それでも、自民党の改憲案は単にそれらを「合憲化」することが内容でも目的でもない。

甲平：では何が目的・内容なのか。

丙太：第一に、確かに既に自衛「隊」はあるが、現憲法がある間は、それは「軍」隊ではないと政府も言わざるを得ない。したがって「戦争」はできないと言わざるを得ない。実際にはもう広義の戦争に加わっていると考えるべきだが、それでも建前は「後方支援」だったり「人道復興援助」だったりするし、他国民を直接攻撃することはさすがにしていない。これを自衛「軍」と変えれば軍隊なのだからおおっぴらに戦争をすることができる。

第二に、確かに既に日米軍事同盟はあるが、現憲法がある間は、集団的自衛権は「行使できない」と言わざるを得ないから、海外でアメリカが行う戦争に日本は巻き込まれない。これを認めるように変えれば、日本が海外で戦争を行うことも、「同盟国の責務」として断れなくなる。

甲平：これは単に現実に合わせる改憲ではなく、現実を大きく変えようとする改憲とわかった。

乙郎：しかし④国際社会の現実からすると、日本は軍隊を持たない、戦争をしないと言うきれいごとだけでは国を守れない、こちらは平和主義でも、北朝鮮はミサイル実験をするし、中国も軍拡している、とも言われる。

甲平：北朝鮮なり中国なりが日本に軍事侵攻すると考えるのか。それらの政府がそう言っているのか。

乙郎：彼等はそうは言っていないようだが、警戒する必要はないのか。

丙太：北朝鮮問題については、別の機会にまた考えたいが、少なくとも日本を軍事的に攻めることはほとんどあり得ない。日本政府も防衛省もそうみなしている。ミサイル実験や核開発をしたりする国はほかにもいくつもある。(それをいいとは言わないが)しかしそれらの国がだから日本侵攻を意図していると我々は言うだろうか。私も、北朝鮮や中国が平和主義だとか完全に信頼すべきだとか言うつもりはない。また一般に日本が戦争を放棄しても、また軍事紛争が起こらないように外交その他でどんなに努力しても、だから戦争に巻き込まれないとは限らない(改憲派はよく、護憲派一般をそのようなノーテンキな、または「戦争はいやだ」と言う感情論だけのものと戯画化するが)。警戒するのはいいだろう。しかしたとえば対北朝鮮にしても、改憲すればより日本が安全になるのか。むしろ(既に米軍にかなり組み込まれている)「自衛隊」を軍隊として合憲化し、(北朝鮮からすればいまだ「交戦国」である)アメリカとの「集団的自衛権」を合憲化することは、逆により危険にするだろう。

乙郎：しかし⑤アメリカは日本を防衛する責務があるのに、こちらは集団的自衛権を使えないから米軍の援助はしませんと言うのは、経済大国になった現状ではただ乗りとも言われる。

丙太：アメリカがただ乗りなんかさせるものか。そもそもアメリカが防衛するつもりなのは日本と言う「国」ではないが、それは言わないで彼等の言い分を認めるにしても、その代わり日本がアメリカに基地を提供していることは彼等にとっても大きな利益になっており、少なくとも五分五分だ。いや、駐留費の多くを負担していることや米軍の治外法権的地位を考えれば、（仮に軍事同盟は認めるとしても）まだ日本が低い不平等条約だ。

アメリカは世界中で侵略戦争をしており、また「対テロ戦争」としてアフガン戦争やイラク戦争も正当化している。そんなところと「集団的自衛権」を行使すれば、地球中で殺戮し、殺戮され、憎まれることになる。

乙郎：確かにアメリカの軍事行動に振り回されるのはよくない。しかし⑥、国連が認める行動には日本も堂々と参加できるようにしなければ、国際社会で名誉ある地位を占められないのではないか。

丙太：国連を重視することはよい。しかし国連の決定がすべて正しいわけではない。軍事以外にも国際貢献はいくらでもある。むしろ日本のような経済的・文化的に大きな存在が、あくまでも「戦争をしない国」にとどまることが平和への貢献になり得る。

甲平：自民党の改憲案が、日本をアメリカとともに海外で戦争をさせることを内容および目的にしていることがわかった。それに問題があることはわかるが、いったいなぜ安倍さんたちはそれを進めたがるのか。

丙太：理由は二つある。一つは、もともと自民党は戦前からの支配層からなる政党であり、平和主義ではなく、軍隊を持って戦争ができるように戻したいと考えているからだ。

甲平：そこまで言うのは反対派による誇張ではないのか。

丙太：誇張でない証拠の一つは、リーダーたちの出どころだ。岸信介元首相（安倍晋三首相の祖父）や鳩山一郎元首相（由紀夫・邦夫兄弟の祖父）などはれっきとした戦犯容疑者であり、アメリカの政策変更のおかげで甦った政治家だ（岸信介は「妖怪」と言われた）。吉田茂は親英米派と言われ東条英機には批判的だったから太平洋戦争中は憲兵に狙われたりしたが、対中国の戦争にはまったく反対でないし、朝鮮などの植民地支配などを批判したりは全然していない。いまの自民党（の多くや民主党の主要部）は、文字通りの意味でも考え方としても彼等の血を引いている。

証拠の第二は、彼等の言動だ。歴代の自民党首相は、全体としてのアジア太平洋戦争を侵略であるとは頑として認めなかった。国会でたびたび追及されても、「後世の歴史家が判断すること」などと逃げまくってきた。（日本が国としてこの戦争全体への「反省」と「謝罪」を明確に表明したのは、社会党の村山富市元首相とそのときの「終戦五十年国会決議」だけである。）平和主義こそ、自民党が脱却したい「戦後レジーム」なのだ。

甲平：同盟から敗戦後西側に属した保守政権という点では同じでも、ドイツがナチス体制を徹底的に追及し、被害を与えた人々、国々、民族にもはっきり謝罪したのとは違うね。

丙太：　そこが重要だ。そしてそう言うと、いや日本の戦前レジームはナチス・ドイツと違うのだ、それを一緒くたにして日本がなんでも悪かったみたいにするのが占領軍による洗脳なんだと、必死になって正当化するのが、改憲派なのだ。

ところがそれと矛盾するところもあるのが、改憲派の第二の動機で、改憲がアメリカの要求だと言うことだ。自民党は戦前復帰体質とともに対米依存体質を持つ政党なのだ。

甲平：　改憲が、日本をアメリカとともに海外で戦争をさせる国にするものなら、アメリカに好都合なのは当然というわけだ。

丙太：　事実、(朝鮮戦争時の)ダレスから(イラク戦争時の)アーミテージまで、米国は現憲法が日米関係「発展」の障害だと、改憲を促す干渉をしてきた。

甲平：　憲法でなく改憲が「おしつけ」なわけだ。しかしさっき言われた「矛盾」はどうなる。改憲派は矛盾しているようだか。それとも護憲派の批判がはずれているのか。

丙太：　単純じゃない事情がある。自民党政府が、アメリカにノーと言えない政治をしていること、他方でアメリカが日本でも世界中でも力づくでふるまっていること、ここから日本国民には(昔の国粋主義的右翼でなく)独立を目指す健全な民族感情が起こる。これを利用して保守勢力は、一方では戦後の悪弊を「占領軍」やその影響のせいにし、それを「正す」と言う大義名分で、実際にはますますアメリカに忠実な国にしてきたのだ。六〇年安保、沖縄返還、教育基本法の改定、みなそう言える。改憲が本丸だ。

甲平：おかげで、改憲問題は何が問題であるかわかってきた。もう一度自分でもよく考えて結論を出したい。

丙太：昔、ポケット版の重要法令集の帯に、「日本国民の権利と義務は、日本国憲法の理解から」と記したものがあった。現憲法の理解もそうだが、改憲問題の中身や意味についてもよく理解することが大切だ。

乙郎：景気や福祉等、身の回りのことも大事だが、選挙のとき等、各政党や候補者が憲法についてどう考えているかを知らなければなるまい。

# 補章　参考文献

以下で挙げるのは、本書各章で参照された文献、その事柄に関してきわめて基礎的な文献、関連するが高度に専門的または難解でない文献、である。

## 一　政治の本質と政治学に関して


① 内田義彦『社会認識の歩み』岩波新書、一九七一。
② 佐々木毅『現代政治学の名著』中公新書、一九八九。
③ プラトン『国家』岩波文庫（上下）、一九七九。
④ マキャベリ『君主論』岩波文庫、一九九八。
⑤ トマス・モア『ユートピア』岩波文庫、一九八六。
⑥ ホッブズ『リヴァイアサン』岩波文庫（全四冊）、一九五四―八五。
⑦ ロック『市民政府論』岩波文庫、一九六八。
⑧ ルソー『人間不平等起原論』岩波文庫、一九七二。

⑨中江兆民『三酔人経綸問答』岩波文庫、一九六五。
⑩エンゲルス『空想から科学へ』学習の友社、一九九五。
⑪佐々木毅『近代政治思想の誕生―一六世紀における「政治」―』岩波新書、一九八一。
⑫篠原一『市民の政治学』岩波新書、二〇〇四。
⑬サマヴィル『現代の哲学と政治』岩波新書、一九六八。
⑭藤原保信『自由主義の再検討』岩波新書、一九九三。
⑮渡辺洋三『現代日本社会と民主主義』岩波新書、一九八二。
⑯ヴェーバー『職業としての政治』岩波文庫、一九八〇。
⑰ウェーバー『社会科学方法論』岩波文庫、一九三六。
⑱森嶋通夫『政治家の条件』岩波新書、一九九一。
⑲姜尚中『姜尚中の政治学入門』集英社新書、二〇〇六。
⑳テリー伊藤『お笑い革命日本共産党』飛鳥新社、一九九四。

## 二　選挙・議会・議員に関して

①内田満『政治学入門』東信堂、二〇〇六。
②山口二郎『政治改革』岩波新書、一九九三。
③同『日本政治の課題―新・政治改革論―』岩波新書、一九九七。
④石川真澄『データ戦後政治史』岩波新書、一九八四。

⑤中山千夏『国会という所』岩波新書、一九八六。
⑥ミル「代議政治論」『世界の名著、四九、ベンサム　J・S・ミル』中央公論社、一九七九。
⑦ルソー『社会契約論』岩波文庫、一九五二。
⑧中江兆民「選挙人目ざまし」『日本の名著、三六、中江兆民』中央公論社、一九八四。
⑨黒岩徹『イギリス現代政治の軌跡』丸善ライブラリー、一九九八。
⑩松尾かずゆき『共和党と民主党』講談社現代新書、一九九五。
⑪飯島勲『代議士秘書』講談社文庫、二〇〇一。
⑫上田耕一郎『国会議員』平凡社新書、一九九九。
⑬三島由紀夫『宴のあと』新潮文庫、一九六九。

## 三　防衛・外交に関して

①前田哲男（編）『岩波小辞典　現代の戦争』二〇〇二。
②宮田光雄『非武装国民抵抗の思想』岩波新書、一九七一。
③オルドリッジ『核先制攻撃症候群―ミサイル設計技師の告発―』岩波新書、一九七八。
④高榎尭『現代の核兵器』岩波新書、一九八二。
⑤明石康『国際連合』岩波新書、一九八五。
⑥浅井基文『日本外交　反省と転換』岩波新書、一九八九。
⑦豊下楢彦『安保条約の成立』岩波新書、一九九六。

⑧都留重人『日米安保解消への道』岩波新書、一九九六。
⑨江畑謙介『日本の軍事システム』講談社現代新書、二〇〇一。
⑩佐々木芳隆『海を渡る自衛隊』岩波新書、一九九二。

## 四　警察に関して

①広中俊雄『戦後日本の警察』岩波新書、一九六八。
②松橋忠光『わが罪は常にわが前にあり』オリジン出版、一九八四。
③松本均『交番のウラは闇―巡査十年選手の内部告発―』第三書館、一九八七。
④大野達三『警備公安警察の素顔』新日本新書、一九八八。
⑤青木理『日本の公安警察』講談社現代新書、二〇〇〇。
⑥原野あきら『警察はなぜあるのか』岩波ジュニア新書、一九八九。
⑦大日方純夫『警察の社会史』岩波新書、一九九三。
⑧一橋文哉『闇に消えた怪人―グリコ・森永事件の真相―』新潮文庫、二〇〇〇。
⑨柳河瀬精『告発　戦後の特高官僚』日本機関紙出版、二〇〇五。
⑩久保博司『日本の警察―警視庁vs大阪府警―』講談社文庫、一九八七。
⑪同『どうすれば「警察」は市民のものになるのか』小学館、二〇〇一。
⑫フリーマントル『CIA』新潮社、一九八四。
⑬同『KGB』新潮社、一九八三。

⑭大野達三『アメリカから来たスパイたち』祥伝社文庫、二〇〇八。

## 五　政治資金に関して

①広瀬道貞『政治とカネ』岩波新書、一九八九。
②佐高信『現代疑獄調書―リクルートから佐川まで―』現代教養文庫、一九九三。
③共同通信社社会部『東京地検特捜部』講談社＋α文庫、一九九八。

## 六　メディアと政治に関して

①真渕・久米・北山『はじめて出会う政治学』有斐閣、一九九七。
②蒲島・竹下・芹川『メディアと政治』有斐閣、二〇〇七。
③チョムスキー『メディア・コントロール』集英社新書、二〇〇三。
④石澤靖治『大統領とメディア』文春新書、二〇〇一。
⑤中村智子『「風流夢譚」事件以後』田畑書店、一九七六。
⑥ダン・ブラウン『デセプション・ポイント』角川書店（上下）、二〇〇五。
⑦オーウェル『一九八四年』ハヤカワ文庫、一九七二。
⑧高木徹『戦争広告代理店―情報操作とボスニア紛争ドキュメント―』講談社、二〇〇二。
⑨スノー『プロパガンダ株式会社―アメリカ文化の広告代理店―』明石書店、二〇〇四。

⑩アドルノ『啓蒙の弁証法』岩波書店、一九九五。
⑪猪瀬直樹『欲望のメディア』新潮文庫、一九九四。

七　圧力団体と大衆運動に関して

①唯物論研究協会（編）『運動の中の思想』イクォリティ、一九九二。
②芝田進午（編）『生命を守る方法—バイオ時代の人間の権利—』晩聲社、一九八八。
③浅野富美枝『女性論の森へ—女性・家族・民主主義—』白石書店、一九八九。
④ＰＫＯ法「雑則」を広める会『アヒンサー　私、子供生んでも大丈夫ですか』二〇〇四。
⑤大野達三『財界奥の院』新日本新書、一九六七。
⑥朝日新聞社会部『兵器産業』朝日文庫、一九八六。
⑦小尾敏夫『ロビイスト』講談社現代新書、一九九一。

八　世紀末日本の政治過程に関して

①草野厚『連立政権—日本の政治一九九三〜』文春新書、二〇〇〇。
②小沢一郎『日本改造計画』講談社、一九九三。
③野中広務『私は闘う』文春文庫、一九九九。
④同『老兵は死なず』文春文庫、二〇〇五。

⑤魚住昭『野中広務 差別と権力』講談社、二〇〇四。
⑥早野透『日本政治の決算―角栄vs小泉―』講談社現代新書、二〇〇三。
⑦大下栄治『新進党vs自民党』徳間文庫、一九九六。
⑧清水義範『もうなつかしい平成の年表』講談社、二〇〇〇。
⑨紺屋典子『平成経済二〇年史』幻冬舎新書、二〇〇八。

## 九 社会ダーウィニズムに関して

①八杉龍一『進化論の歴史』岩波新書、一九六九。
②ダーウィン『種の起源』岩波文庫(上中下)、一九六三―七一。
③同『世界の名著、四十、ダーウィン〔人間の由来〕』中央公論社、一九七九。
④同『ビーグル号航海記』岩波文庫(上中下)、一九六一。
⑤木村資生『生物進化を考える』岩波新書、一九八八。
⑥柴谷・長野・養老編『講座 進化』東京大学出版会(全七巻)、一九九一(第一巻「進化論とは」、第二巻「進化思想と社会」。)
⑦ラマルク『動物哲学』岩波文庫、一九五四。
⑧八杉龍一(編訳)『ダーウィニズム論集』岩波文庫、一九九四。
⑨今西錦司『主体性の進化論』中公新書、一九八〇。
⑩ドーキンス『利己的な遺伝子』紀伊国屋書店、一九九一。

⑪ 真木悠介『自我の起源』岩波書店、一九九三。
⑫ ケストラー『サンバガエルの謎』サイマル出版会、一九七一。
⑬ 青木健一『利他行動の生物学』海鳴社、一九八三。
⑭ 太田朋子『分子進化のほぼ中立説』講談社ブルーバックス、二〇〇九。
⑮ ケブルズ『優生学の名のもとに』朝日新聞社、一九九三。
⑯ 米本昌平・他『優生学と人間社会』講談社現代新書、二〇〇〇。
⑰ 入江重吉『ダーウィニズムの人間論』昭和堂、二〇〇〇。
⑱ 筑波常治『人類の知的遺産、四七、ダーウィン』講談社、一九八三。
⑲ 内井惣七『ダーウィンの思想』岩波新書、二〇〇九。
⑳ パラディス・ウィリアムズ『進化と倫理』産業図書、一九九五。

十　ファシズムに関して

① ヒトラー『わが闘争』角川文庫（上下）、一九七三。
② 「超国家主義の論理と心理」『丸山眞男集』第三巻、岩波書店、一九九五。
③ マウ・クラウスニック『ナチスの時代』岩波新書、一九六一。
④ 山口定『ナチ・エリート』中公新書、一九七六。
⑤ フロム『自由からの逃走』創元新社、一九六五。
⑥ アレント『エルサレムのアイヒマン』みすず書房、一九八八。

⑦モッセ『大衆の国民化—ナチズムに至る政治シンボルと大衆文化—』柏書房、一九九四。
⑧井上章一『夢と魅惑の全体主義』文春新書、二〇〇六。
⑨大澤武男『ヒトラーとユダヤ人』講談社現代新書、一九九五。
⑩小俣和一郎『精神医学とナチズム—裁かれるユング・ハイデガー—』講談社現代新書、一九九七。
⑪小林多喜二『蟹工船・一九二八、三、一五』岩波文庫、二〇〇三。
⑫橋川文三『増補 日本浪漫派批判序説』未来社、一九六五。
⑬『芸術新潮』一九九二年九月号（「大特集、ナチスが捺した頽廃芸術の烙印」）、新潮社。
⑭斎藤貴男『安心のファシズム—支配されたがる人びと—』岩波新書、二〇〇四。

## 十一 ソ連に関して

①ボッファ『ソ連邦史』大月書店（全四巻）、一九七九。
②リード『世界をゆるがした十日間』岩波文庫、一九五七。
③カー『ロシア革命一九一七–二九』岩波書店、一九七九。
④聴濤弘『ソ連はどのような社会だったのか』新日本出版社、一九九七。
⑤レーニン『帝国主義論』国民文庫（大月書店）、一九七二。
⑥同『国家と革命』国民文庫（大月書店）、一九五三。
⑦レヴィン『レーニンの最後の闘争』岩波書店、一九六九。
⑧松竹伸幸『レーニン最後の模索—社会主義と市場経済—』大月書店、二〇〇九。

⑨上田耕一郎『先進国革命の理論』大月書店、一九七三。
⑩芝田進午『現代民主主義と社会主義』青木書店、一九八二。
⑪エレンステン『スターリン現象の歴史』〔一九七五〕大月書店、一九七八。
⑫ボッファ・マルチネ『スターリン主義を語る』〔一九七六〕岩波新書、一九七八。
⑬中野・高岡・藤井『スターリン問題研究序説』大月書店、一九七七。
⑭ボッファ『スターリン主義とは何か』〔一九八二〕大月書店、一九七七。
⑮『フルシチョフ秘密報告・スターリン批判』講談社学術文庫、一九七七。
⑯トロツキー『裏切られた革命』〔一九三六〕岩波文庫、一九九二。
⑰同『わが生涯』岩波文庫（上下）、二〇〇一。
⑱ドイッチャー『ロシア革命五十年』〔一九六七〕岩波新書、一九六七。
⑲スターリン『レーニン主義の基礎』国民文庫（大月書店）、一九五二。
⑳上島武『ソ連崩壊史』窓社、一九九六。

十二　アメリカに関して

①トマス・ペイン『コモン・センス』岩波文庫、一九七六。
②ホフスタター『アメリカの社会進化思想』〔一九四四〕後藤昭次訳、研究社、一九七三。
③ロービア『マッカーシズム』宮地健次郎訳、岩波文庫、一九八四。
④陸井三郎『ハリウッドとマッカーシズム』筑摩書房、一九九〇。

⑤安岡章太郎『アメリカ感情旅行』岩波新書、一九六二。
⑥江藤淳『アメリカと私』[一九六四]講談社文芸文庫、二〇〇七。
⑦サマヴィル『人類危機の十三日間—キューバをめぐるドラマ—』中野好夫訳、岩波新書、一九七五。
⑧芝田進午(編著)『人間の権利—アメリカ革命と現代—』国民文庫、一九七七。
⑨本多勝一『アメリカ合州国』[一九六九-七〇]朝日文庫、一九八一。
⑩同『新アメリカ合州国』朝日文庫、二〇〇三。
⑪ベラー『心の習慣』島薗・中村訳、みすず書房、一九九一(仲島陽一「ベラー著『心の習慣』」『思想と現代』第二八号、白石書店、一九九二)。
⑫米谷ふみ子『なんや、これ?アメリカと日本』岩波書店、二〇〇一。
⑬グリーン『〈サルの惑星〉隠された真実』尾之上・本間訳、扶桑社、二〇〇一。
⑮新藤榮一『アメリカ　黄昏の帝国』岩波新書、一九九四。
⑯矢部武『アメリカ病』新潮新書、二〇〇三。
⑰三浦俊章『ブッシュのアメリカ』岩波新書、二〇〇三。
⑱関岡英之『拒否できない日本』文春新書、二〇〇四。
⑲堤未果『貧困大国アメリカ』岩波新書、二〇〇八。
⑳マイケル・ムーア『アホでマヌケなアメリカ白人』松田和也訳、柏書房、二〇〇二。

## 十三　平和への思想に関して

①ハーズ『ある平和主義者の思想』岩波新書、一九六九。

②芝田進午『現代の課題Ⅰ核兵器廃絶のために』青木書店、一九七八。
③『理想』一九八二年夏季特大号（平和論）、理想社。
④田端忍（編著）『近現代世界の平和思想』ミネルヴァ書房、一九九六。
⑤エラスムス『平和の訴え』岩波文庫、一九六一。
⑥カント『永遠平和の為に』岩波文庫、一九四九。
⑦粟田賢三『思想と現実』青木書店、一九七七。
⑧半沢英一『雲の先の修羅―「坂の上の雲」批判―』東信堂、二〇〇九。

## 十四　改憲問題に関して

①高木・末延・宮沢（編）『人権宣言集』岩波文庫、一九五七。
②文部省『あたらしい憲法のはなし』一九四七。
③憲法教育指導研究会『憲法の解説』一橋出版、初刷年記載なし。
④小林直樹『憲法第九条』岩波新書、一九八二。
⑤杉原泰雄『平和憲法』岩波新書、一九八七。
⑥清水義範『騙し絵日本国憲法』集英社、一九九六。
⑦水島朝穂『武力なき平和―日本国憲法の構想力―』岩波書店、一九九七。
⑧太田光・中沢新一『憲法九条を世界遺産に』集英社新書、二〇〇六。

# おわりに

「はじめに」で私は、オバマ政権・鳩山政権誕生(二〇〇九年)で政治に新しい風が吹いた、と書いた。しかし二〇一〇年になるとどちらも支持率はかなり落ちつつある。中身からみても、オバマはイラクからは撤退したもののアフガンでは増派を決め、ノーベル平和賞受賞にも得意の名調子よりも言い訳になっている。日本の新政権も、鳩山首相・小沢幹事長の資金問題などは「維新」どころか旧態依然の光景だ。これらは著者にとっては「想定の範囲内」ではある。米日の「民主党」は保守政党であり、従来の体制を大きく「チェンジ」するものでない、と考えてきたからだ。しかしこの政権交代は、単に目先を変えてしのぐための猿芝居と決めつけるのも、適切であるまい。新自由主義政策による経済危機という現実問題もさりながら、オバマにおける「核のない世界」、鳩山における「コンクリートから人への友愛社会」という、理想主義的要素にも注目すべきだろう。無論たいていの新政権は口当たりのよい大義名分を掲げるが、今回の当事者たちの「本気度」は今までの宣伝文句よりも重いようであり、国民の高い支持で発足したのもそれを感じ取ってのものがありそうだ。近頃日本で政治が盛り上がったのは一九九三年の細川政権と二〇〇一年の小泉政権の成立だったが、これらの経験からわかるように、対象の本性の認識でなく思い入れによる熱意は、ていよく利用されたり失望や政治一般への不信に導きがちである。今回も過大な期待は持つべきでないが、国民が関心を持ち声をあげることで政治をよくする可能性は増えている。

罪なきひとを何人もあやめれば極悪人と言われる。一つの悪法はその数千・数万倍の人々を死においやったり絶望に追い詰めたりできることを考えれば、心ある者は政治的無関心であることは許されないだろう。無論誰が「天下を取る」か、というような（ゲーム的？）「関心」が、「無関心」よりまさるかどうかは疑問である。またよい政治の実現は確かに大義であるとはいえ、政治が人生第一の価値でないと、高名な政治学者丸山眞男がよく述べたことも留意するに価する。これは政治などしょせん「バカとアホウのからみあい」だと「上から目線」で見下ろせということではない。英雄気取りの「政治馬鹿」になることをいさめつつ、にもかかわらず政治の重要性を述べたかったものだろう。この「にもかかわらず」は、ヴェーバーが政治家に求めたところとも重なるが、民主政治にとっては、一般国民にもこうした冷静かつ熱心な関心と関与が重要だと言えよう。

政治「学」の「入門」という題からのイメージからはみ出る面もある本かもしれないが、うのみにせず読んでもらえればと思う。事実に関する判断や分析については客観的に妥当かどうか、著者の意見については自分も賛成かどうか、考える材料として使われれば嬉しい。

本書の大部分はいろいろなところに書いたものをもとにしているので、文体等がそろっていない。「世紀末日本の政治過程」と「ソ連史」の人名は歴史上の人物として扱い現存・物故をとわず敬称を略した。他の箇所では話題になっている時点での肩書きを心がけたので、章によって異なる場合もあろうが、他意はない。補章では、各章を書く際に著者が参考にした文献のほか、その題目に関する書物のうちあまり専門的でないものを紹介した。

出版状況がたいへん厳しいなか、本書をお引き受けいただいた、東信堂の下田勝司社長には、この場を借りてお礼申し上げたい。また杉浦実氏には丁寧な編集でお世話になった。

二〇一〇年一月

著　者

〔ま行〕



〔や行〕



〔ら行〕



〔わ行〕

# 人名索引

# 事項索引

## 著者紹介

**仲島　陽一**（なかじま　よういち）

1959年東京都生まれ。早稲田大学卒業。同大学院博士課程単位取得。早稲田大学、学習院大学、中央大学などの講師を経て、早稲田大学高等学院、東洋大学、東京医科大学などで講師。

**著書**

『共感の思想史』(創風社、2006年)、他

**訳書**

フランソワ・プーラン・ド・ラ・バール『両性平等論』(共訳、法政大学出版局、1997年)


*Introduction to Politics:*
*Political Thoughts, Theories and Realities*


**入門 政治学——政治の思想・理論・実態——**　　定価はカバーに表示してあります。

2010年4月30日　　初　版第1刷発行　　〔検印省略〕

著者©仲島陽一／発行者 下田勝司　　印刷・製本／中央精版印刷

東京都文京区向丘 1-20-6　　郵便振替 00110-6-37828

〒113-0023　TEL (03) 3818-5521　FAX (03) 3818-5514

発行所　株式会社 東 信 堂

Published by TOSHINDO PUBLISHING CO., LTD.

1-20-6, Mukougaoka, Bunkyo-ku, Tokyo, 113-0023, Japan

E-mail : tk203444@fsinet.or.jp　http://www.toshindo-pub.com

ISBN978-4-88713-989-3 C3031

## 東信堂

- 国際法新講〔上〕〔下〕　田畑茂二郎　〔上〕二九〇〇円　〔下〕二七〇〇円
- ベーシック条約集〔二〇一〇年版〕　編集代表 松井芳郎　二六〇〇円
- ハンディ条約集　編集代表 松井芳郎　一六〇〇円
- 国際人権条約・宣言集〔第３版〕　編集 松井・薬師寺・坂元・小畑・徳川　三八〇〇円
- 国際経済条約・法令集〔第２版〕　小原喜雄・小室程夫・山手治之 編集　三九〇〇円
- 国際機構条約・資料集〔第２版〕　編集代表 安藤仁介・香西茂　三二〇〇円
- 判例国際法〔第２版〕　編集代表 松井芳郎　三八〇〇円
- 国際立法―国際法の法源論　村瀬信也　六八〇〇円
- 条約法の理論と実際　坂元茂樹　四二〇〇円
- 武力紛争の国際法　村瀬信也・真山全 編　一四二八六円
- 国連安保理の機能変化　村瀬信也 編　二七〇〇円
- 海洋境界確定の国際法　村瀬信也・江藤淳一 編　二八〇〇円
- 国際刑事裁判所　村瀬信也・洪恵子 編　四二〇〇円
- 自衛権の現代的展開　村瀬信也 編　二八〇〇円
- 国連安全保障理事会―その限界と可能性　松浦博司　三二〇〇円
- 国際経済法〔新版〕　小室程夫　三八〇〇円
- 国際法から世界を見る―市民のための国際法入門〔第２版〕　松井芳郎　二八〇〇円
- 東京裁判、戦争責任、戦後責任　大沼保昭　二八〇〇円
- 国際法／はじめて学ぶ人のための　大沼保昭　三六〇〇円
- 国際法学の地平―歴史、理論、実証　中川淳司・寺谷広司 編著　一二〇〇〇円
- 国際法と共に歩んだ六〇年―学者として裁判官として　小田滋　六八〇〇円
- 海の国際秩序と海洋政策　栗林忠男・秋山昌廣 編著　一二〇〇〇円
- 21世紀の国際機構：課題と展望　安藤仁介・中村道・位田隆一 編　七一四〇円
- 〔21世紀国際社会における人権と平和〕〔上・下巻〕
  - 国際社会の法構造―その歴史と現状　編集代表 山手治之・香西茂　五七〇〇円
  - 現代国際法における人権と平和の保障　編集代表 山手治之・香西茂　六三〇〇円

〒113-0023　東京都文京区向丘 1-20-6　TEL 03-3818-5521　FAX03-3818-5514　振替 00110-6-37828
Email tk203444@fsinet.or.jp　URL:http://www.toshindo-pub.com/

※定価：表示価格（本体）＋税

## 東信堂

- 人は住むためにいかに闘ってきたか—（新装版）欧米住宅物語　早川和男　二〇〇〇円
- イギリスにおける住居管理—オクタヴィア・ヒルからサッチャーへ　中島明子　七四五三円

（居住福祉ブックレット）

- 居住福祉資源発見の旅：新しい福祉空間、懐かしい癒しの場　早川和男　七〇〇円
- どこへ行く住宅政策：進む市場化、なくなる居住のセーフティネット　本間義人　七〇〇円
- 漢字の語源にみる居住福祉の思想　李桓　七〇〇円
- 日本の居住政策と障害をもつ人　大本圭野　七〇〇円
- 障害者・高齢者と麦の郷のこころ：住民、そして地域とともに　伊藤静美・田中秀樹・加藤直人　七〇〇円
- 地場工務店とともに：健康住宅普及への途　山本里見　七〇〇円
- 子どもの道くさ　水月昭道　七〇〇円
- 居住福祉法学の構想　吉田邦彦　七〇〇円
- 奈良町の暮らしと福祉：市民主体のまちづくり　黒田睦子　七〇〇円
- 精神科医がめざす近隣力再建：進む「子育て」砂漠化、はびこる「付き合い拒否」症候群　中澤正夫　七〇〇円
- 住むことは生きること：鳥取県西部地震と住宅再建支援　片山善博　七〇〇円
- 最下流ホームレス村から日本を見れば　ありむら潜　七〇〇円
- 世界の借家人運動：あなたは住まいのセーフティネットを信じられますか？　髙島一夫　七〇〇円
- 「居住福祉学」の理論的構築　柳中権・張秀萍　七〇〇円
- 居住福祉資源発見の旅Ⅱ：地域の福祉力・教育力・防災力　早川和男　七〇〇円
- 居住福祉の世界：早川和男対談集　早川和男　七〇〇円
- 医療・福祉の沢内と地域演劇の湯田：岩手県西和賀町のまちづくり　高橋典成・金持伸子　七〇〇円
- 「居住福祉資源」の経済学　神野武美　七〇〇円
- 長生きマンション・長生き団地　千代崎一夫・山下千佳　八〇〇円

〒113-0023　東京都文京区向丘 1-20-6　TEL 03-3818-5521　FAX03-3818-5514　振替 00110-6-37828
Email tk203444@fsinet.or.jp　URL:http://www.toshindo-pub.com/

※定価：表示価格（本体）＋税